JN296193

芸術療法実践講座 5

# ダンスセラピー

飯森眞喜雄・町田章一 編

岩崎学術出版社

# 序　文

　徳田良仁日本芸術療法学会名誉会長によって，わが国に芸術療法の種が蒔かれてから40年が経ちます。徳田先生のたゆまぬ情熱と献身によって育まれた芽は，幾人もの臨床家たちによって熱心に手入れされ，慧眼と創意工夫によって品種改良を受けながら，今日ではさまざまな土壌で花開いています。現在，日本の芸術療法は世界でも最高の水準にあります。
　「芸術療法」といえば以前は「絵画療法」と同義でしたが，次第に他の表現形態も用いられるようになり，いまでは絵画のみならず，コラージュ，陶芸や粘土などによる造形，箱庭，音楽，俳句や短歌も含む詩歌，心理劇などの演劇，ダンスやムーブメントといった，人間のもつ多彩な表現活動を通して行う療法の総称となっています。
　草創期には，主に精神病院を舞台として精神病を対象に行われていましたが，近年では軽症の精神疾患はもとより，青少年の問題行動や教育現場での問題，一般医療現場やターミナルケア施設，高齢者施設や痴呆老人施設など，精神医学的・心理臨床的治療やアプローチを必要とする領域で幅広く行われるようになりました。
　芸術療法と聞くと，「芸術」という冠からして，どこか高邁でとっつきにくい特殊な療法のように感じられるかもしれません。しかし，芸術療法の基本原理はわれわれが幼いときから親しんできた，さまざまな表現活動のなかにあります。たとえば，はしゃぎながらやっている「なぐり描き」，独り言をいいながらやっている空想の国の「お絵かき」，夕闇が忍び寄るのも気づかずに夢中になってやっている「砂場遊び」，木漏れ日の綾なす光と影を舞台に飛び回っている「ごっこ遊び」，思春期にそっとノートを開いて記す「詩作」といったものの中に，この療法の本質を見いだすことができます。これらの活動は，その当時は無論のこと，大人になってからも気づくことは

ありませんが，われわれにとってかけがえのない成長の手立てであったのです。また，芸術表現を見たり聴いたりすることの心や情緒にもたらす作用についてはいうまでもないことですが，最近では大脳機能に及ぼす働きも科学的に証明されつつあります。

　芸術療法とは，表現することの包含している意味と，表現されたものを通した交流のもつ意義とを，治療に生かそうとするものです。しかし，芸術療法の基本が誰しもがやってきたことにあるからといって，何のとっかかりもなく，また無原則に用いることができるものではありません。しかも，芸術療法の広がりとニーズの高まりとともに，技法とその適応，治療者の職種などが多種多様化し，そのため乱立・乱用気味のところがないとはいえません。

　芸術療法が「療法」であるためには，対象となる疾患や問題に対する理解，適応の是非の検討，有効性についてのきちんとした評価など，厳密さが要求されてきます。さらに，その実践にあたっては〝知恵〟，〝作法〟，〝工夫〟，〝コツ〟といったものも必要となってくるでしょう。

　そこで本講座では，絵画，コラージュ・造形，音楽，ダンス，詩歌・文芸といった5つの代表的な技法をとりあげ，芸術療法を日々行っている方々に執筆をお願いし，臨床的・実践的な観点から，これらを全6巻にまとめてみました。

　本講座をきっかけとして，芸術療法がさまざまな領域でさらに深化・拡大するだけではなく，臨床に携わる方々の一助となり，治療や臨床現場での問題解決にささやかながら貢献できることを願ってやみません。

編集代表　飯森眞喜雄

## ダンスセラピー　目次

序　　文 …………………………………………………飯森眞喜雄
　　　3

はじめに：日本におけるダンスセラピーの特徴 ……………町田　章一
　　　7

第1章　精神病院におけるダンスセラピーの試み
　　　　──少しずつ自由になるために（岩下‐湖南メソッド）
　　　　……………………………………………岩下　徹・橋本　光代

　はじめに──実施に至る経緯から　*11*
　1. 岩下‐湖南メソッドの概要　*12*
　2. ある日のワークショップ　*16*
　3. 今後の課題──アートとセラピーの共存をめざして　*31*

第2章　作業療法・デイケアにおけるダンス／ムーブメント・セラピー
　　　　………………………………………………………鍛冶　美幸

　はじめに　*35*
　1. ダンス・セラピーの実施法　*35*
　2. 作業療法におけるダンス・セラピー　*40*
　3. デイケアにおけるダンス・セラピー　*43*
　4. セッションの実例　*46*
　おわりに　*49*

第3章　心療内科・精神科クリニックにおけるダンス・ムーブメント・
　　　　セラピー──非精神病性疾患を対象として──　………尾久　裕紀

　はじめに　*51*
　1. DMT導入までのプロセス　*52*
　2. DMTの進め方　*55*
　おわりに　*63*

第4章　一般医療現場におけるダンスセラピー ……………梅田　忠之
　　はじめに　*65*
　　1．アメリカンダンス　*65*
　　2．ダンスの心身の健康維持，病気治療の効果について考えてみよう　*69*
　　おわりに　*74*

第5章　思春期の問題行動に対するダンスセラピー ……………天野　敬子
　　はじめに　*77*
　　1．ダンスセラピーとは　*77*
　　2．セッションの構造　*78*
　　3．実践報告　*81*
　　おわりに　*88*

第6章　心身障害児に対するダンスセラピー ……………………﨑山ゆかり
　　はじめに──ダンスセラピーにおけるダンスについて　*97*
　　1．実践例──奈良県立筒井寮におけるダンスセラピーの活動　*97*
　　2．筒井寮での取り組みをふまえた心身障害児（特に重複障害児）
　　　 に対するダンスセラピーについて　*105*
　　まとめ　*110*

第7章　高齢者に対するダンスセラピー ……………………………町田　章一
　　はじめに　*113*
　　1．モデル事例　*113*
　　2．おもなワークと実施上の留意点　*115*
　　3．高齢者のダンスセラピーの特徴　*127*
　　おわりに　*129*

第8章　ターミナルケアにおけるダンスセラピー ………………大沼　幸子
　　はじめに　*131*
　　1．事例紹介　*132*
　　2．まとめ：ターミナルケアにおけるダンス・ムーブメントセラピーと
　　　　　　　セラピストの条件　*145*
　　おわりに　*147*

ダンスセラピー　群別項目リスト　*149*

索　引（項目／人名）　*152*

# はじめに:日本におけるダンスセラピーの特徴

　ダンスセラピーの技法や理論は，1940年代の米国におけるマリアン・チェイス（Chace, M.）らの活動に起源を求められる。今日なお，ダンスセラピーは米国がその中心的存在にある。米国で開発されたダンスセラピーの技術や理論の根幹は普遍的な性格をもっており，国や文化圏を越えて，広く人びとに有効な活動であると考えられている。

　一方，ダンスセラピーは人間の身体的側面だけでなく精神的側面や社会的側面をも対象にしているので，文化的相違については無視できないものがある。ダンスセラピーの対象者がさまざまな文化圏で生活している以上，それぞれの文化圏における特色がダンスセラピーそのものにも影響を与えることは当然である。したがって，ダンスセラピーには各地域，各文化による特性が反映されている。

　歴史を振り返れば，ダンスやムーブメントを治療手段としたり，健康の維持，増進，回復のために用いることは古今東西で行われてきたが，このような伝統の上に，米国のダンスセラピーに触発されて，世界各地に特徴のあるダンスセラピーが展開されている。

　わが国においては古くからさまざまな治療法や健康法が行われ，その中には踊りや体操のようなものも含まれていた。したがって，「ダンスセラピー」という概念が米国から輸入される以前から，ダンスセラピー的な活動は行われていたと考えられる。1960年代になると，池見酉次郎によって米国とブラジルのダンスセラピーについて断片的な情報が紹介されたが，この頃はまだ「ダンスセラピー」という名称で実践活動を行った事例は確認されていない。1970年代には坂田新子，伴友次，野川照子らによって，病院等で精神障害者を対象にわが国独自のダンスセラピーが試みられたが，それらはすでに中断されている。1980年代にはわが国各地で同時多発的にダンスセ

ラピーの実践が始められ，精神障害者だけでなく，学生，心身症患者，高齢者，一般社会人にも拡大し始めている。しかし，実践者相互の連絡がほとんどなく，各自が孤立した活動を行っていた。欧米のダンスセラピストが来日し，日本人が欧米に留学を始めたのもこの頃である。この頃に始めた人びとが，1992年に日本ダンス・セラピー協会を設立し，今日に至っている。なお，日本人で最初にダンスセラピストの資格を取得したのは，宮原資英（米国DTR），平井タカネ（米国ADTR），梶明子（英国RDMD），大沼幸子（日本）である。

このような経過を踏まえ，現在わが国で行われているダンスセラピーを概観すると，次のような特徴が指摘できる。これらの特徴が継続的に続くものであるのか，一時的なものであるのかは今後の発展によって明らかにされるであろう。

### 1. 日本の文化を反映させている

「それぞれの文化圏における特色がダンスセラピーに影響を与えることは当然である」と先に述べたが，それは，米国で開発されたダンスセラピーだけがダンスセラピーではないと主張しているためである。しかし，「それでは貴方の国のダンスセラピーを見せて下さい」と言われると，多くの国は返答に窮する。自国の文化や伝統を反映した技術や理論がほとんどないからである。その中で，わが国は自国なりのものを提示できる数少ない国のひとつである。わが国には，欧米のダンスセラピーをほとんど知らずにダンスセラピー的実践を行なってきた潮流と，欧米のダンスセラピーを取り入れる潮流の2つがあり，互いに良い刺激を与え合って今日に至っている。

### 2. 集団セッションが多い

わが国のダンスセラピーでは，個人セッションよりも集団セッションが多い。この傾向は芸術療法の他の分野においても指摘されている。それは「技術的に未開発なため，個別的に深く介入することが少ない」だけではなく，「日本人が『個』よりも『群』の行動に慣れていること」も関係していると

考えられている。

　欧米では「個」の確立や復活を目指して「自己主張，自己表現，自己確立，自己実現など」のためのワークが盛んに行われる。一方，わが国では「群の流れを察知し，群の中で自分はどのような立場にあるかを理解し」「群の中で特定の行動をとると，群はどのように反応するかを予測し」「どのような表現であれば，自分は群の調和を乱さず，自分も表現できるかを身に付ける」ようなワークが多いように思われる。

### 3. マッサージを多用している

　わが国ではセッションの中で，マッサージや体ほぐしが用いられていることがしばしばである。特にセッションの導入部においては頻繁に用いられている。欧米に比べると，日常生活の中で身体接触が少ないといわれている日本人が，これほどマッサージを取り入れていることについて驚く欧米のダンスセラピストは少なくない。

　欧米では日本ほどダンスセラピーにマッサージが取り入れられていないどころか，マッサージに対しては否定論，慎重論が主流である。「性的誘惑を含む」等，マッサージ全体についての印象も欧米とわが国とでは異なるようである。これには個人セッションが多いことと，圧倒的大多数のダンスセラピストが女性であることも関係しているものと考えられる。

### 4. セッション体験後の言語化は比較的少ない

　わが国においては，セッション終了後にセッションでの体験を言語化することは必ずしも多くない。

　しかし，欧米においては「身体的に体験したことを言語化し，意識化する必要がある」と考え，ほとんど常に言語化を目指しているように感じる。せっかく言語から解放されてダンスセラピーでリラックスした身体になったのに，言語化する作業の中で再び心身を緊張させるようで残念に思われることもしばしばである。

### 5. 男性の参加が比較的多い

日本ダンス・セラピー協会会員の20％は男性である。米国の場合は約1％であり、わが国ほど男性の参加が多い国は他にない。さらに彼らは単に参加しているだけでなく、女性と同様に積極的に活動している会員も少なくない。この点は諸外国から賞賛と羨望のまなざしでみられている。これはわが国に古くから男性が踊る文化があると共に、健康増進に関する活動に男性が関わってきた歴史があるためであろう。

### 6. 職業的ダンサーが参加している

わが国では多くの職業的ダンサーがダンスセラピーという活動に参加している。単にダンスを習ったことがあるという人ではなく、モダン・ダンス界の重鎮である芙二三枝子（日本ダンス・セラピー協会会長）や、世界的に有名な山海塾の舞踏手である岩下徹（日本ダンス・セラピー協会副会長）などが専門学校や精神病院でダンスセラピーを実践していることは特筆されるべきことである。

米国でも初期パイオニアの時代には多くのダンサーが参加していた。マリアン・チェイスはもともとモダン・ダンスのダンサーであり、ダンス教師でもあった。しかし、大学や大学院でダンスセラピストを養成するようになるにつれて、ダンサーという側面はしだいに薄れ、近年ではダンスの素養をもった心理学者、教育者、カウンセラーというニュアンスが強くなっている。

以上のような背景のもとに本書は刊行された。さまざまな分野での実践が紹介されているが、それらは、「代表」「標準」「手本」「見本」というよりも「一例」に過ぎないと考えて頂いた方が良いであろう。そのような意味もあって、用語等はあえて統一しなかった。これらの実践例をヒントにして、読者の皆様が自らのダンスセラピーを創造していく一助となれば、われわれにとって望外の喜びである。

町田　章一

# 第1章　精神病院におけるダンスセラピーの試み
　　──少しずつ自由になるために（岩下‐湖南メソッド）

岩下　　徹・橋本　光代

## はじめに──実施に至る経緯から

　湖南病院は精神医療改革運動グループによって1980年に設立された（当時精神科100床，現在120床）。湖南病院と「舞踏」との出会いは，1983年に行われたグリーンホスピス（1〜2週間の山間部での患者とスタッフによる共同生活）で上演された白虎社による「鯨骨の森」であった。過疎地の山奥の分校で，白塗りの舞踏手と一緒に患者も舞台に立った。

　1985年に回復期，慢性期の患者を対象に太極拳クラブを開始した。同年，夏のレクリエーションである納涼祭において，病院で芸術活動を行っていた佐伯ひろむ（造形家）の企画で，舞踏家の石井満隆[注1)]を招いて太極拳グループと舞踏公演を行った。ついで，グリーンホスピスでは地域住民も参加して一大イベントを行った。この期間はダンスセラピーの萌芽期といえる。

　1987年2月に，佐伯の行っていた「早朝体操」に岩下が参加した。同年3月に，佐伯の企画した「こころやさしき造形家たち展」のパフォーマンスで岩下の踊りに呼応して一緒に踊り出した患者がいた。それは岩下にとっては衝撃的なできごととなった[1)]。

　この日を境に＜交感（コミュニケーション）＞としての即興ダンスを求めて，岩下は患者たちと関わっていくこととなる。かつて，ひどい抑うつ状態の中で，幸運にも自分のからだへの気づきを得た岩下は，ありのままのそれをそのまま肯定することから再出発したという。それが岩下のダンスの原点

である。そこから文字通り＜少しずつ＞ここまで進んできた過程を，患者たちと共にできないかと思ったのが，ワークショップ[注2]を始めるきっかけである。「ダンスとは＜交感＞である」と感じた岩下は，1988年に2回，ワークショップをイベントとして行い，1989年から月1回定期的に行っている。

## 1. 岩下－湖南メソッドの概要

### 1. 概　要
(1) 内　容

　岩下－湖南メソッド[注3]は，アーティストであるダンサーと看護スタッフとの協力体制のもと，①非言語的交流による対人関係の回復，②身体感覚・身体機能の改善，③自己表現による自己の確立，を治療目標としている。そして，ワークショップの内容は以下のとおりである。

　前半は簡単なからだほぐしと，寝る，寝返りを打つ，座る，立ち上がる，歩くという日常的な動作を組み合わせている。それらをゆっくりと丁寧に行いながら，普段では気づかない自分のからだの微妙な感覚に気づくように，徐々に周囲の空間や人へもその感覚を広げていく。

　休憩を挟んで後半は，1対1でマッサージし合った後，2人から数人へと群舞となり，少しずつ人との交流ができるように構成されている。群舞では，動ける人が動けない人に働きかけたり，個と集団の関係を意識しながら動くようになる。対人関係の回復は治療効果の重要な要素となっている。

　群舞のとき，演者と観客に分かれて，演者は観客の拍手があって初めて終わることができる。群舞の中で，自己表現しながら，自己と他者の関係の構築を図りつつ，自己の確立を目指している。

　多くの患者は，人前での感情表現を苦手としているため，無理な感情表現を求めず，動きの中から自然に出てしまう生きた感情を大切にしている。抑圧された感情を無理に引き出すことがないため，参加者の抵抗が少ない。

(2) 適　応

　あらゆる年齢層や病名の患者に適応できるが，実施場所や人数によって対

象者が限定される。多人数で行う場合には，回復期や慢性期の患者が主な対象となり，急性期や病状の不安定な患者や，最後には群舞で解放感を味わうため，躁状態の患者には適さない。慢性重症患者に対しては，看護スタッフが1対1で付くことで参加が可能となり，長時間参加できない場合にはマッサージのみにすることもできる。

## 2. ワークショップの枠組み

### (1) 実施場所

人数に応じた適当な広さのある比較的静かな空間が必要である。全員が一度に寝返りを打っても，ぶつからない程度の広さが望ましい。当院では，療養病棟の活動室で行っている。活動室の横が食堂であるため，ワークショップの間はテレビを止めてもらっている。なお，床が硬く冷たいので，ござを敷いてその上で実施している。

### (2) 実施時間と頻度

当院では，集団セッション（ワークショップ）と個人セッションを月1回行っている。ワークショップは1時間半で，別に週1回の太極拳を実施することで参加への動機づけを維持している。個人セッションは，集団に入れない人を対象にしたり，ワークショップへの導入に利用し，岩下が直接行っている。

なお，ワークショップは当初は2時間半から実施し，2時間で定着していた。最近では高齢者が増えたこともあり，15分の休憩を挟み1時間半にしている。

### (3) 対象人数

群舞は人数が少ないと成立しないため，10～15名くらいが適当である。リーダーが把握できる人数として，多くても20名までにした方が良い。更に，担当スタッフが常時3～4名。見学者は2名までとしている。

### (4) 服　装

寝転んだり，マッサージをするため，からだを締めつけない楽で動きやすい服装でズボンを着用する。腕時計やネックレス，イヤリング等ははずして

もらう。男女一緒に行うため，肌が極端に露出したり，刺激的な服装は控えてもらう。

(5) 音　楽

基本的に音楽は使用しない。音楽によって動くのではなく，個々のからだの感覚を確かめることに重点を置いているからである。ただし，実施する場所が病棟の中で生活雑音がするときには，BGM程度の静かな音楽を流すほうが集中力が増すので良い。

(6) プレ・ミーティング，ポスト・ミーティング

1) プレ・ミーティング

実施前にリーダーと担当スタッフが集まり，打ち合わせを行う。参加予定者をリストアップして個々の患者の状態や病棟全体の変化を確認し合い，当日の担当スタッフの役割分担を行う。

2) ポスト・ミーティング

実施後にリーダーと担当スタッフが集まり，患者個々の変化や全体の評価を行う。次回までの課題や申し送り事項を確認しておく。

### 3. リーダーの役割

(1) リーダーの心得

ワークショップは必ずしも事前に準備されたプログラム通りにいくものではない。参加者個々の状態が刻々と変化し，全く予測がつかないためである。ワークショップのプログラムに絶対はない。むしろ，ワークショップはリーダーと参加者との一期一会のコラボレーション（共同作業）である。その基本的なやり方は大きく変わることはないが，細かくみれば毎回少しずつ異なり，絶えず変化し，1つとして全く同じものはない。

だから，リーダーは常に＜場＞全体の雰囲気を感じながら，同時に参加者一人ひとりの反応を感じ，次々と起こる変化に臨機応変に対処して行かなければならない。リーダーに要求されるものは何よりも即興力である。時には全く無から有を創造しなければならないこともある。その状況に自分のからだを丸ごと投げ込み，その場に対して全感覚を開いて，そして，その時間を

参加者全員と共に活き活きと生きることができるかどうかが問われる。

(2) ムーブメントの選択

さまざまな病気，年齢，性別の患者たちができるだけ1つの場を共有できるように，技術的に容易で，運動量も多くないように，また時間的にも長過ぎることのないように配慮する。最近，当院では高齢者の参加が増えて来ているので，この傾向が強くなっている。ワークショップ実施中の出入りは自由で，無理をしないこと，疲れたり気分が悪くなったり，やりたくない時は休んで見学することを繰り返し注意している。その時々の自分のからだの状態を捉えてもらいたいからである。

(3) 言語の介入

ムーブメントに関する指示は，難解な漢語や横文字を羅列することはしないで，できるだけ平仮名を用いた，平明な言葉遣いを心がける。また，常に穏やかで，ゆっくりと間をとりながら，空間全体に行き渡るように発声する。そうすれば，指示が参加者のからだに無理なくスッと入っていく。岩下は声が小さいので，時々声が通らなくなることがあるが，大声で怒鳴ることは避けている。

(4) リーダーのムーブメント

リーダーの指示がよく理解されない時や，特に注意を与えなければならない時，あるいは場が著しく沈滞していると感じられた時は，自ら積極的に動くようにする。リーダーも一緒に動くことで，全体が活性化することが多いからである。

(5) 個人セッション

ワークショップとは別の日程で月1回行っている。主に，対人緊張が強く，ワークショップのような集団の中に入ることが困難である患者，からだの緊張が強く，動作が極端に萎縮してしまっている患者を対象にしている。個々の患者に，ワークショップ後半の (14) のようなゆっくりと丁寧なマッサージ（からだほぐし）と，短い即興の動きの交流を試みている。

### 4. 担当スタッフの役割

(1) 参加者の選出と治療上の効果判定

担当スタッフはプレ・ミーティングまでに参加予定者を選出し，リーダーに参加予定者の状態を報告する。その後，参加予定者の状態に変化があればワークショップ当日にリーダーに報告し，場合によっては参加を中止にする。当日，飛び入りで参加する患者がいれば，その患者の状態に応じて参加の可否を判断する。

ワークショップ終了後，個々の患者についてどのような変化がみられたかを話し合い，状態によっては他の病棟スタッフに報告する。

(2) 根気よく参加を誘いかけること

自閉的で言語的な接触のとりにくい慢性重症患者に対しては，根気よく参加を誘いかける。1対1で看護スタッフがついて，ワークショップを実施すれば患者の変化がみられるし，長い経過の中での変化がある。

(3) グループ内での患者を観察すること

ワークショップ中，個々の患者がどのように変化するかを観察する。参加の仕方（参加時間，自発性，場所の選択），表情，態度，動き，対人交流など。

(4) エクササイズの実施が困難な患者に手技を実施すること

エクササイズの実施が困難な患者には，具体的に手技を実施したり，少し手伝ったり，傍で一緒に行う。

(5) 群舞では上手に誘いかけ，創造性を引き出すこと

群舞の時，内的世界に入っていて動けない患者がいれば，上手に誘いかけることで，思わぬ動きをすることがある。からだが動かしにくい患者に対しては，その患者の周りで動けば，患者が何もしなくても一緒に参加していることになるし，その内，手や頭で表現することもある。

## 2. ある日のワークショップ

2月初旬，第148回目。天候は晴れ。窓から琵琶湖の対岸の山々が少し霞

んで見える。気持ちが良い。どんよりと曇ったり，雨が降ったりしていると，ワークショップの雰囲気も重たくなってしまう時が多い。

(1) 10時，初めの挨拶～見学者の紹介
　5名の患者が集まっていた。担当スタッフが会場の準備と患者への声かけや誘い出しをしてくれたおかげである。隣室の食堂のテレビも消されており，とても静かな雰囲気である。
　まず，岩下（リーダー）の挨拶の後，2名の見学者にも手短に自己紹介をしてもらう。患者から温かい拍手が送られる。この病院の患者は外部からの訪問者に寛容である。この拍手で開始時の緊張が若干ほぐれ，今後の展開が多少なりとも容易になる。

(2) 床に寝そべる（3～4分）
　〈では，ごろんと横になって下さい〉，〈目はつぶっていても開いていても，開けたり，閉じたりしても構いません〉，〈呼吸は無理のない程度に，ゆったりとやって下さい。まず息をスーッと吐き切って下さい。そうすれば，自然にスッと息を吸うことができます。呼吸を繰り返している内に，段々，からだがほぐれて床に馴染んでいく感じになります〉，〈一番楽な姿勢をとって下さい。仰向けでも俯せでも，右や左を向いていても構いません。小さく丸くなっても，大きく大の字になっても結構です。姿勢を変えたくなったら変えて下さい〉，〈一番楽で気持ちが良く，余計な力が抜けてホッとするような姿勢を探して下さい〉，〈できれば頭も手も足も，全身を床にペタッと下ろしてみて下さい〉（岩下，以下〈　〉内は岩下の指示の言葉である）。
　参加者それぞれにとって楽な姿勢を探して，ゆったりと休んでもらう。そのままジッとしていても，途中で姿勢を変えても構わない。重力に任せて全身を横たえることで弛緩することが容易になり，疲れもとれて気分もスッキリする。また，緊張をとることで，からだの内部感覚が目覚めていき，同時に外部への感覚も開かれていく。緊張でからだが硬直するとその感覚が弱くなる。ワークショップ中，参加者に疲労感がみえてきたらその都度何回でも

行っている。中にはすぐに寝息をたてて眠ってしまう人，なかなか落ち着けずすぐに起き上がってしまう人，からだが強張って首や腕が床から浮いてしまう人もいる。

　この日も，A男（20代後半）はリラックスできず，度々からだを起こして床に座ることが多かった。しかし，促せばそのときは素直に指示に従ってくれる。B子（70代前半）はなかなかジッとしていることができず，絶えず何か呟きながら動き続けていた。岩下は全体に指示を出しながらも，何度かB子の近くに行って話しかけたり，動きを介助するようにした。寝そべること自体が困難な人は椅子に座ったままでも良い。要はその人なりのやり方を見つけてもらいたい。C子（70代前半）は半身麻痺で車椅子での見学であるが，彼女はただ傍観しているのではなく，見学という仕方で参加している。

　開始と同時にBGMを用いる。開始時は周囲の音が気になるものであるが，順調にワークショップが展開していけば，それ程気にならなくなる。それは，参加者それぞれがエクササイズにより集中していくことで，＜場＞としてのワークショップの力がより強くなってくるからであろう。

　(3) 合図で寝返りを打つ（3〜4分）
　〈今からパチンと手を叩いて合図を送ります。合図が聞こえたら，のんびりと寝返りを打って姿勢を変えてみて下さい〉，〈大きく，強く，速く動くことはありません〉，〈慌てず，急がず，無理せず，やって下さい〉，〈楽な姿勢から楽な姿勢へ，できるだけ楽に動いて下さい〉，〈1回ごとに横たわる姿勢と位置が少しずつ移動していきます〉，〈息を詰めないで動いて下さい〉，〈無理な動きをすると不自然な感じになります〉，〈手も使ってみて下さい。その方が楽ですよ〉，〈動くときは必ず目を開けて，周りに少し気を配りながらやって下さい。お互いに邪魔したり，ぶつかったりしないようにちょっとだけ気をつけましょう〉。

　寝そべった状態から，そのままできるだけ楽に動いてみる。重力にほとんど抗うことのない心地良い動きである。初めはぎこちなく動いていた人も，

近くの人や物にぶつかっていた人も少しずつ動きが柔らかくなる。シンプルな動きであるが，それを繰り返すことで，からだの中の自然で無理のない素直な力の流れと，周囲の人や物との適度な距離がわかるようになる。この時，B子はうまく動くことができず介助した。からだは硬く強張っている。

(4) 合図で上体を起こして寝転ぶ（4～5分）
〈また，合図が聞こえたら，両手を使って床を押しながら上体を起こして，動きを止めずにそのまま寝転んで下さい〉。B子には〈できる範囲でやって下さい〉と指示。〈床から床へと弧を描くように続けていきます〉，〈起き上がるときに弾みや反動を使わないで下さい〉。

先程よりも動きが大きくなるが，このエクササイズも前者と同様にできるだけ楽に動くことが大切である。自然に素直に動けば，柔らかく滑らかな動きになる。B子にはできる範囲でやるように指示。今度はD子（50代前半）からやり方を聞かれる。D子の傍に行って介助。D子もからだがとても硬くなかなか動けないが，それでもD子なりに動いたり，休んだりできるようになってきている。

うまく指示が通っていなかったので，教示するために一緒に動く。何回か繰り返すと皆の動きがしだいに滑らかになる。このエクササイズの途中で男女1名ずつ参加してきた。患者全員で7名。それらの関係で若干時間を延長した（1～2分）。

(5) 再び，楽な姿勢で寝そべる（2分）
〈また，楽な姿勢に戻って下さい〉。
更に男性1名参加。患者は8名になる。

(6) ゆっくり立ち上がる（1分）
〈それでは無理せずゆっくりと立ち上がって下さい〉。
スッキリと真っ直ぐに立つことも単純な動きではあるが，意外に難しい。胸をすぼめ背中を丸くして俯いてしまう人が多いので，顔を上げしっかりと

前を見るように指示している。この時は皆できていた。立ち上がるまでの時間は個人差がある。すでに立ち上がった人に対しては，次のエクササイズのために前後左右の間隔をとるように教示。

D子がなかなか立ち上がれずスタッフ2名が介助。「恐い，恐い」と叫び出すが，やがて椅子に座って落ち着く。D子は自分のやり方を心得ていて，再びできることがあると参加してくる。そのため，ワークショップ全体の枠組みをできるだけ緩やかにして，参加者の出入りを自由にして，参加の意志がある限りいつでも参加できるように心掛けている。

(7) ソワイショウ（6パターン）（12〜13分）
〈今日の気分や体調に合わせて，動きの大きさ，強さ，速さを自分で加減，調節してみて下さい〉，〈今日，ちょっと調子が悪く，しんどい人は小さく弱く，元気な人，力が余っている人は大きく強くやってもかまいません〉，〈慌てず，急がず，無理せず頑張り過ぎないようにやって下さい〉，〈途中でしんどくなったり，気分が悪くなったり，あるいはやりたくなかったら，無理にしないで休んで見学して下さい。そして，また，やりたくなったらやって下さい〉，〈気持ち良く，やりやすいようにやって下さい〉，〈腕の力をダラーンと抜いて腕をポーンと放り出す感じです〉，〈膝をフッと軽く緩めて下さい。膝が伸びきって棒立ちになると，からだが硬くなります〉，〈力まないで，踏ん張らないで軽くフワッと立って下さい〉。

いよいよ，立位での動きに入る。ここでもう1名の女性が増えて患者9名になる。岩下も一緒に，太極拳や気功の準備体操で馴染みのソワイショウを何パターンかやってみる。両足を肩幅位に開いて膝をゆるめ，両腕の力を抜き，左右から捻る〜もう少し両足の間隔を広げ，両腕を左右に振り子のように振る（前屈みにならないように）〜両足の間隔を少し縮め，交互に腕を振る〜そのまま軽く自分の周りを前後左右斜めに移動する〜普通に立ち，両腕を同時に前後に振る（後を強めに振ると肩が柔軟になる）〜そのまま少し動きを崩してみる〜腕をさまざまな方向に放り出す〜足をさまざまな方向に放り出す（それぞれ2〜3分）。これらの動きもそれぞれにとっての適度な

大きさ，強さ，速さを捉えることが肝要である。一見，全員同じことをやっているようにみえるが，実は皆少しずつ異なっている。その個々の小さな独自性，多様性に着目し尊重したい。

たとえば，運動会の行進のように力一杯キビキビと，元気良く，しかも全体で一糸乱れず統率されるようなものとは対極にある。しかし，B子はキビキビと動くのが好きなようで「イチニ，サンシ」と掛け声を掛けて張り切り出す。〈ラジオ体操とは違うんですけどネ〉と岩下。しかし，B子の動きには彼女のその時の状態がそのまま素直に現れていたように思う。教示されたことよりも，忙しくからだを動かしている方がずっとピッタリ来るのであろう。からだは正直である。何かを意図的に表現する以前に，すでに何かがおのずから表出しているのである。その徴（しるし）を読み解くことは難しいが，何かが彼女をしてそのように動かしめていることは確かである。

続いて，彼女が万歳のような動きをしていて面白そうだったので，〈万歳をしてもいいかも知れないですね〉と言うと，「万歳，万歳」と勢いづく。それにE男（40代前半）が同調。動きは明らかに自傷他害に及ぶような暴力的なもの以外は，どんなものでも良いと思う。むしろ，自然発生的に指示から外れた動きが出てきたほうが，その場が活き活きとする場合がある。

(8) 楽な姿勢で寝そべる（2〜3分）

先のD子は椅子に座っている。さっきから座ったままだったA男も寝そべる。E男は上体を起こし腹筋運動を始めた。皆それぞれの状態である。明らかに場をかき乱す行為以外は，これらをたった1つの枠にはめることはできない。それぞれが自分自身にとって正直な在り方をしていると思うからである。そうするだけの理由が感じられるからである。

(9) 歩く〜ポーズをつくる（7〜8分）

〈それではゆっくりと静かに立ち上がって下さい〉，〈まっすぐ前を向いて，のんびり歩き回って下さい〉，〈誰かの後をついて歩くんじゃなくて，人のいない，色んな方向に歩いてみて下さい〉，〈合図が鳴ったらそのまま止まって

下さい（パンと手を打つ）〉，〈（パンと手を打ち）はい，歩いて下さい〉，〈今度は肩や首，上半身をほぐしながら歩いてみて下さい〉，〈次は周りの空気をかき混ぜるような感じで動いてみて下さい〉，〈空気は前にも後にも右にも左にも上にも下にもあります〉，〈さて，次はその場でポーズを変えてみて下さい〉，〈少しずつで良いですから無理しないで下さい〉，〈ポーズを作るとき，からだを捻ったり斜めにしてみて下さい〉，〈高くなったり，低くなったり〉，〈でもあまり無理なポーズはやめて下さい〉，〈しんどくなったら座ったり，寝そべってポーズをしてもかまいません〉。

　ゆっくりと無理なく立ち上がる～歩き回る～歩き回り合図で止まる～歩き回りながら上半身を動かし合図で止まる～合図を聞いてその場でポーズを変える～合図でポーズを変えながら場所も変えて2, 3歩移動する（それぞれ2～3分）。しだいに動きに自由度が加わって動きも大きくなり，即興性が高まってくる。初めは歩き回るだけであるが，何も指示を出さないと，皆俯いたまま，ひと塊になって左回りにグルグルと歩き回ることが多い。そこでなるべくそうならないように，視線を上げてそれぞれがバラバラに歩くように指示し，岩下も皆の中に入って間を縫いながら動くようにしている。

　始めてから間もなく，思わぬ所からパンッと合図が聞こえた。D子である。椅子に座って見学していたのだが，意外な展開である。周囲からドッと笑いが起こる。彼女なりのユーモラスな参加の仕方である。そのことに触発されて，D子もE男も岩下の真似をし始めた。〈私の真似をしなくていいです〉と岩下。誰かの真似をするのではなく，ユニークな，〈かけがえのない私〉の感覚を何よりも大切にして欲しいからである。皆とても個性的であるのだから。

(10) 合図で移動して誰かと何らかの関係を作って止まる～合図でどんどん相手と場所と形を変える（2～3分）

〈移動して誰かと何らかの関係を作ってみて下さい〉，〈相手が同性の場合は触れても構いませんが，異性の場合は触れないで下さい〉，〈もし，相手が見つからなかったら，1人でやっても結構です。個と全体という関係もあり

ます〉，〈触れられるのが嫌だったら逃げてもいいですよ〉。
　これが前半最後のエクササイズである。ここからようやく他者との関係を作っていくことになる。今まで個別に行われていた動きがいよいよ他者との関係性へと向かっていく。それでもすんなりと事が運ぶわけではない。急に張り切り出す人もいれば，逆に途端に硬くなる人もいる。特に，対人緊張が強い患者にはかなり苦痛を強いることになるであろう。だから，触れられることを拒否しても良いし，特定の相手が見つからなかった場合には1人でやっても良いことにしている。強制的に誰かと接触させられることはない。
　相手が異性の場合には直接的な身体接触をしないように注意している。以前，見学者（男性）が女性患者の手に触れて，彼女を脅えさせたことがあった。患者によっては，異性からの身体接触に対して特別な意味をもつ場合がある。＜触れる⇔触れられる＞ということには特に慎重を期さなければならない。

(11) 床に寝そべる（2～3分）
〈また，初めのように楽な姿勢で寝そべって下さい〉，〈もし，からだが強張っていたら軽くゆすってほぐして下さい〉。
　ここまでが，前半の45分となる。

(12) 休憩（15分）
　この間にマサラティ（生薬入りのミルクティ，1杯50円）が出され，これを楽しみにしている人もいる。皆，そのままその場で休んだり，会話をしたり，他の場所に行ったりして思い思いに過ごす。

(13) 自分の好きなやり方でからだをほぐす（2～3分）
〈前半にはからだを捻るのもありました。それから両腕を横に振るのもありました。そして，交互，次は前後，腕を放り出すことも足を放り出すこともありました。この中で好きな動きをやって下さい。組み合わせも適当にかえても構いません。ただ，膝は軽く緩めて下さい。足が突っ張って棒立ちに

なるとからだがほぐれません〉。
　岩下も一緒にやるが，皆の動きは必ずしも反響動作（岩下の真似）にはなっていない。それぞれ個性的である。A男はジッと立ちつくしている。D子はやはり椅子に座ったままである。E男は今度は数を数えながら前屈運動を始めた。彼にはこの程度では物足りないようである。ここでF男（30代前半）が参加。この時点で患者は10名となる。

(14) ペアを組んで交替しながらお互いのからだを叩いたり，揉んだり，さすったり，揺すったりしてほぐし合う（座って肩，首から頭，背中から腰〜同じく座って片腕ずつ肩から指先まで〜寝そべって足から全身）（それぞれ2〜3分で交替）
〈慣れている人，やったことがある人が先にやってあげて下さい〉，〈でも，自分勝手にやらないで下さい〉，〈お互いに相談しながら気持ちが良いやり方を探して下さい〉，〈軽く叩いたり，揉んだり，さすったり，揺すったりしてみて下さい〉，〈あまり強すぎると痛いし，あまり弱すぎるとくすぐったくなります〉，〈凝っているところは念入りに，触れて欲しくないところは触れないで下さい〉，〈わざと痛くするのとくすぐるのは止めて下さい〉，〈いろいろとリクエストしたり，それに応えたりしてみて下さい〉。
　前半は自分のからだの感覚を確かめることから始まり，最後には他者への関わり方を求めていったが，後半は2者関係から始まる。ペアを組むため対人関係はより強くなる。そのため，始めて参加する人，あまり動けない人，対人緊張の強い人にはできるだけベテランの患者やスタッフにパートナーとなってもらっている。また，日常的に馴染みの深い＜肩叩き＞という行為から導入していけば，比較的抵抗が少ないと思われる。
　それでも＜触れる⇔触れられる＞という直接的な身体の接触を多く伴うので，なかなか相手とコンタクトできない人もいる。しかし，回を重ねていくと本当に少しずつではあるが，＜触れる⇔触れられる＞ことができるようになることが多い。初めはおずおずと指先だけで相手のからだに触れていた人が，しっかりと掌をつけられるようになる。また，初めなかなか相手に委ね

ることができず，丁寧にほぐしてもらっていてもすぐに拒否してしまう人が，ゆったりと寝そべって全身を相手に任せられるようになる。これは＜触れ合い＞と同時に＜触れられ合い＞でもあり，そこに交互の＜信頼関係＞が成立すれば対人交流がおのずと生まれてくる。実際，ここに至ると自然に2者間で対話が始まり，この場全体がすぐに賑やかになってくる

　ここで患者11名。2階病棟（閉鎖）のG子（60代前半）もスタッフに誘われてこのときだけ参加しにくる。G子は普段ベットに横たわっていたり，ナースセンター前の机に顔を突っ伏したりしていることが多い。会話も断片的で少ない。そんな彼女がこの場に何分かでもいることができるのは評価されることだろう。

　この日のペアは，スタッフや見学者も加わって計7組。いつものペアもあれば，全く初めてのペアもある。E男はペアを組まず腕立て伏せを始めた。なかなか気持ちが鎮まらないようなので，岩下と組んでもらう。肩がとても凝っている。「リラックス，リラックス」と語りかけるがなかなか落ち着かない。E男はしだいに明らかに場の雰囲気とはそぐわない行動を取り始める。その後，ますます独走体勢に入ってしまい，皆と一緒にやるか，そうでなければ帰るかの選択を迫られることになり，結局帰ってしまった。この時点で患者9名。

(15) 合図でペア同士くっついて形を作る〜合図で形を変える（何度か繰り返す）（2〜3分）
〈また合図が聞こえたら，相手の人とくっついてポーズをしてみて下さい〉，〈どんなポーズでも構いません。軽い気持ちでやってみて下さい〉，〈ポーズを決めている時もあまり硬くならないで下さい〉，〈あまり無理なポーズは止めて下さい〉，〈くっついたまま形を変えようとするとちょっと無理があります〉，〈くっついたり離れたり，止まったり動いたりしてどんどん形を変えていって下さい〉，〈次は手と手をつながないでやってみましょう。どこかからだの一部がくっついていれば良いですから〉，〈背中，お尻，足，頭なんかも使えます。相手と場所を入れ替えることもできます。いろいろやってみて下

さい〉。

　それぞれのペアが互いに協力して，即興的にその2人なりの関係を作っていく。動ける人は大きく動けば良いし，動けない人はほんの少しでも構わない。それぞれの動ける範囲内で無理なく相手と関わっていくことになる。この時，手と手をつないで対面したまま動こうとすると，互いに相手の動きを制限することになり，かなり不自由である。また，お互いの視線に緊張し，からだも硬直しやすい。つないだ手をいったん離し，他の部位を使うことで対面構造が崩れ，より自由度が増す。

　このエクササイズになると，あまり拒否的になる人はみられず，まるで子どものようになって無邪気に身体と身体との接触を楽しんでいる人が多い。遊びのような感覚で気軽にできるため抵抗が少ないのであろう。中にはどんなポーズを取ったら良いかわからず戸惑う人もいるが，相手の動きに触発されて少しずつ動けるようになってくる。

　また，動けない（動かない）ということも，その時のその人なりの正直な在り方として認められるべきであり，無理に動かなくても良い。動けない（動かない）ことにも，それなりの裏付けがありそれは尊重されるべきである。むしろ，そのような在り方にえもいわれぬ存在感を感じることが多い。逆説的に動けない（動かない）ことに，強い＜動き＞を感じることがある。

(16) ペア同士がくっついて4人組みになり（15）と同じことを繰り返す
　　（2〜3分）

〈やることはペアの時と同じです〉，〈合図があったらちょっと離れて，動いて，またくっついてみて下さい〉，〈からだのいろいろな所を使ってくっついてみて下さい〉，〈動く時に入れ替わったりして場所も変えてみて下さい〉，〈立っているだけじゃなく，座ったり寝転がったりしても良いです〉。

　実際には女性5名，男性4名の2グループであったが，双方共に動ける患者，スタッフ，見学者が参加していたためか，動きの少ない患者は刺激を受け，彼らなりにしっかりと動けていた。合図のごとに，グループ全体のフォルムがさまざまに変化して見事であった。

(17) 合図なしで片方のグループが動いて止まる～合図なしでもう片方が動いて止まる（繰り返す）（2～3分）
〈次はちょっとむずかしいですがやってみましょう。きっとできますよ〉,〈初め男性のグループが動いて止まったら，女性のグループが動いて止まる。今度はまた男性，次はまた女性というように交互にグループで動きの掛け合いをやってみましょう〉,〈自分たちだけじゃなく相手のグループのことも見ていないとできませんよ〉,〈うまくできなくても構いませんから気楽にやってみて下さい〉

かなり高度なエクササイズである。自分たちばかりでなく，もう1つのグループにも意識を広げなければならないからである。最近，あまり試みていなかったがこの時はできそうな気がした。初めは，なかなか皆の呼吸が合わずバラバラであったが，段々とピタッと合うようになる。途中で女性のグループに，椅子に座っていたD子も仲間に入れてあげるように指示。皆がD子の傍に行って彼女の周りで動いた。D子も楽しそうであった。

(18) "壁"づくり（男性，女性）（各2～3分）
〈では最後に1人ずつ出て行って，横につながっていって"壁"を作って下さい〉,〈順番は決めませんので，我こそはと思った方からどうぞ〉,〈前の人の形が決まったら，次の人が出て下さい〉,〈色んな高さ，色んな形があって構いません。自分の好きな格好をして下さい〉,〈立っている人，座っている人，寝そべっても構いません〉,〈止まっていて苦しくなったり疲れたりしたら，自分の好きな形に変えて下さい〉,〈あまり無理な姿勢は止めて下さい〉。

最後は男女に分かれて，"壁"づくりである。全員が部屋の端に座り，場所を広く空ける。まず，男性からである。1人が出て反対側の壁際に行って任意の場所で好きなポーズを取る。次にもう1人が出て行き，前の人の横で好きなポーズを決める。そのようにして1人ずつ増えていき，やがて男性グループ全員の"壁"が出来上がる（人数が少なかったため岩下が飛び入り参加）。そして，女性のほうから合図がくる。いつ誰が合図を出して

も構わない。すると男性はポーズを変える。また，合図が出るとポーズが変わる。ポーズだけでなく場所を変えても良い。これを何回か繰り返していると，拍手が来て交替となる。

　今度は女性グループの番である。1人ずつ"壁"になっていくうちに，椅子に座っているD子となんとかつながった。拍手はすぐにくることもあるが，なかなかもらえないこともある。拍手が少ないともう1回やることもあるが，最後の拍手で場がなごみ，観る側と観られる側の心理的距離が縮まる。男性も女性もこの場全体を共有する。

　"壁"づくりでは，片方のグループの視線を意識し，それをしっかりと受けとめて動く人もいれば，背を向けたり，顔を上げられない人もいる。回数を重ねていく内に，しっかりと顔を上げて正面を見られるようになることもある。トップで張り切って飛び出して行く人もいれば，なかなか出て行くきっかけをつかめず，とうとう最後になる人もいる。1人でやることが困難な人には，誰かが手を貸すこともある。

　自主的に1人ずつが出て行くため，参加者一人ひとりの個性がはっきりと現れ，一人ひとりの行動が皆に見守られることになる。その見守られた「個」と「個」の共同作業として"壁"づくりが行われる。

　(19) 楽な姿勢で再び床に横たわる（2～3分）
　〈また，初めのように楽な姿勢で寝そべって下さい〉，〈もし，からだが硬くなってしまったら，軽く揺すってほぐして下さい〉，〈ゆったりと呼吸を繰り返して下さい〉，〈姿勢を変えたくなったら変えても構いません〉。

　最後に，また，それぞれ楽な姿勢で横になる。この姿勢は初めと同じであるが，皆のからだが随分と柔らかく，伸び伸びとしてきているようである。そして，この場全体も温かく，和やかな雰囲気に包まれているようであった。ワークショップという場で，参加者がそれぞれ自己を開いて交感しうる可能性を感じた。ここに皆が集うことで，個を超えた場が生まれ，その力がまた個に還元されて行くように思う。

　ここまでで，後半30分となる。

## 1. 患者の変化

　月1回の実施であっても，14年間続けているとさまざまな患者の変化に出会う。状態の悪い時にはスタッフに誘われるままに参加して，その人のその時のぎりぎりの状態での感動的な動きや，病棟では見ることのできない表情の変化をみせることもある。状態が良くなると参加しなくなる人も多い。

　かと思うと，H男のように，退院後も楽しみにして長年参加してくる人もいる。彼はワークショップで身につけたことを生活に活かしているという。また，最古参メンバーであった人が，最初は皆の中に入れず見学だけだったが，その内，マサラティを作る役割となり，群舞では見事な動きを披露するようになり，12年ぶりに社会復帰施設に退院して行った。

　自閉的で言語的接触のとりにくいA男は，毎回個人セッションと，スタッフの誘いかけでワークショップに参加している。ワークショップ中，前半は働きかけがないと，内的世界に入ってジッとしていることが多い。しかし，後半でスタッフがペアになると一緒に実施する。手を動かすだけの同じポーズのことが多いが，それでも内的世界に浸ることはない。最後の群舞では皆と一緒にして表情もほんの少し和らいでくる。根気よくコンタクトをとり続けることが大切であることがわかる。

　自閉的で対人緊張が強く，家族との関係で時折暴力的（対物）になっていたF男も長い間，根気よく働きかけて参加を促してきた内の1人である。A男のように長く参加できず，いつの間にかいなくなったり，誘っても参加しないこともあった。4年前，ワークショップの場で岩下と一緒に踊り出してからは，後半から参加したり，調子の悪い時は，後述するように，最後の岩下とのダンスだけ参加するようになった。

　F男は，「必死で，一生懸命に岩下さんを見て踊ると皆から拍手喝采を受ける。上手に形が決まったなと思うと嬉しい。集中力もついてきた」と言う。3回程，病院のレクリエーションで皆の前でダンスを披露している。他の患者やスタッフの彼をみる目が変わり，彼自身の自己評価も少しずつ上がってきている。F男は，岩下と踊り出してから少しずつ対人緊張が弱まってきている。

## 2. 〈交感（コミュニケーション）〉としての即興ダンスの可能性
　　──セラピーを超えて，身体と身体の響き合い

[F男の例]

　毎月恒例になっているF男と外来のH男と岩下との即興のコラボレーションであるが，ワークショップの終了後すぐにその場で演じられる。当初，H男の尺八の演奏と岩下のダンスのデュオだったが，ある時，岩下のほうから患者たちに働きかけるように踊ると，突然F男が踊り出し，トリオになった。それ以来，このユニットが続いている。

　3分程度の短い時間であるが，F男は見事なダンスを披露してくれる。他の誰にも踊れない，彼自身にしかできないダンスを踊る。プロのダンサーですら彼のように踊れないであろう。

　F男は普段カーテンを閉めてベットの上にうずくまってばかりいて，あまり他の患者との交流がない。たまにトイレに行くか，煙草を買いに行って喫煙室で一服するぐらいで，ほとんどからだを動かすことがない。そんな彼からは想像できない踊りをするのである。彼はダンスを習ったことがない。したがって，既存のテクニックを使って踊るのではない。そんな技術を使わなくても，彼自身が直に表れる＜生のダンス＞である。どんなに調子が悪い時も，この時だけは必ず来て踊る。足の指を骨折した時も上半身だけで踊った。H男が来られない時も無音で踊る。夏の納涼祭で暮れなずむ病院のグランドで踊った。冬の湖南フェスティバルでもオープニングを飾った。

　彼の踊りは本質的に＜叫び＞であると思う。彼の存在の奥底から直接，無媒介的に激しく噴出して来るものを強く感じる。彼は何かを考えて「表現」しようとしているのではない。考える以前に彼の全身から何かが＜表出＞してきている。岩下も本気で踊らなければ，その力に到底拮抗することができない。毎回真剣勝負である。そして，芯から踊れば彼と交流できたように感じ，F男と気持ちが通い合ったように感じられるという。このような即興という行為においては皆全く対等である。患者もスタッフもない。お互いに自己を開いて，しっかりと向き合った時にこそ，＜交感（コミュニケーション）＞が成立する。それは，セラピストと患者というような上から下へ

の権力関係から脱出し,互いに等しく自我の壁を超え出る跳躍そのものである。これはもしかすると,レゲエミュージシャンのボブ・マーリー（Bob Marley）のいう"I & I vibrations"といってもいいかも知れない。

F男はこの時だけ,いつもの幻聴が気にならなくなり,踊った後は元気になると言う。そして,皆の拍手喝采を博して,実に良い表情になる。

## 3. 今後の課題——アートとセラピーの共存をめざして

F男のダンスは残念ながら劇場で観ることができない。不特定多数の観客が集まる場所での一般公開はできないのである。観たければ病院に行くしかない。しかし,ダンスは劇場の中のダンサーと呼ばれる,踊りのための特別の訓練を受けた人たちだけがするものとは限らない。彼はダンスの専門的な教育を全く受けたことがないからこそ,彼にいわゆるダンサーたちにない何かを感じる。それは＜命がけ＞であるということかも知れない。彼には華麗なテクニックも鍛え抜かれた美しい身体も何もない。拠るべきものが何ひとつない。だからこそ,懸命に踊るしかないのである。その必死さゆえに胸を打たれるのであろう。

土方巽のあの有名なアフォリズム「舞踏とは命がけで突っ立った死体である」[2]を引用するまでもなく,彼のダンスは「舞踏」である。それは,既存のジャンルとしての「舞踏」のことではなく,あくまですべての様式（スタイル）を拒否して,からだひとつで立とうとすることなのである。正に「危機に立つ肉体（土方巽）」といっても良いであろう。岩下は,彼の中に自分自身の理想の姿,求めて止まないダンスの本質をみようとしているのかも知れない。

「ダンスとはコミュニケーションである」 マリアン・チェイス[3]

「ダンスとは＜交感＞である」 岩下徹[注4]

### 引用・参考文献
1) 岩下　徹（2001）少しずつ自由になるために―交感としての即興ダンスを求めて　現

代のエスプリ　413：173
2) 土方　巽（1998）土方巽全集Ⅰ，Ⅱ　河出書房新社
3) Sandel, S. eds. (1993) Foundations of Dance/Movement Therapy: The Life and Work of Marian Chace. The Marian Chace Memorial Fund of the American Dance Therapy Association. Columbia
4) 岩下　徹（1996）舞踊家とダンスとコミュニケーション　月刊ナースデータ　17(7)
5) 橋本光代（1996）ダンスセラピーの効果　月刊ナースデータ　17(7)
6) 野口三千三（1985）野口体操・からだに貞く　柏樹社

注
注1）石井満隆は，1960年代の舞踏の創始者，故土方巽，大野一雄と第1次暗黒舞踏派に参加。「暗黒舞踏の申し子」と称された。その後，独立し，1971年に渡欧。約10年にわたり，各地で独自のスタイルの即興舞踏とワークショップを展開。舞踏の海外進出の先駆けとなる。帰国後，青森県の青南病院で「舞踏療法」を試み，わが国におけるダンスセラピーの先駆的存在となる。岩下は，その当時，彼のワークショップに参加し，即興（インプロビゼーション）の可能性を知る。彼は彼自身の舞踏を「自在」と呼び，それは正に彼の天衣無縫な生き方そのものであった。
　　石井満隆，川仁宏（1981）踊るを語る　美術手帖　33(481)
注2）ワークショップとは，中野民夫によれば，「講義など一方的な知識伝達のスタイルではなく，参加者が自ら参加・体験して共同で何かを学びあったり創り出したりする学びと創造のスタイル」となっている。岩下にとって，それは岩下と参加者とが一緒に創っていくものである。ダンスの技術をただ一方的に教えることではない。その時々の患者の反応をできるだけ受け入れて，その場に活かしていきたいと思う。岩下も彼らに学んでいる。
　　中野民夫（2001）ワークショップ─新しい学びと創造の場11　岩波新書
注3）岩下－湖南メソッドは，鷲田清一が「目的地に向かって最短の道をとる方法──methodという単語はギリシャ語の『道に沿って』という言葉に由来する──に対して，ランドネ〔遊歩道〕散策の道，回遊の道」と述べているように，その内容からすれば本来的にはメソッドというよりランドネの方がふさわしい。また，ダンスセラピーの試みも，常に「反方法の道」としての「エッセイ＜試み＞」でありたいと思う。
　　鷲田清一（1999）「聴く」ことの力─臨床哲学試論　260-261　TBSブリタニカ
注4）＜交感＞という言葉は，マリアン・チェイスの「コミュニケーション」とは必ずしも同一ではないかも知れないが，ダンスを単に個人のイメージやコンセプト

を表現する手段としてではなく，常にそれ自身が＜他者＞へと開かれた行為として捉えたい。それは，絶えず自己の内から外へと出来し，そして，外から内へと回帰する運動であるがゆえに，いつでも途上であり，過程であり，完結することがない。そのことは純粋な（いかに困難であることか！）即興(インプロビゼーション)において最も明らかになるであろう。そこには，＜場＞を共有するすべてのものが，自己を解き放ち＜交感＞する可能性が秘められている。

「《交流(コミュニカシオン)》——もしこれがないのならば，われわれにとって何ものも存在しなくなるだろう——」ジョルジュ・バタイユ（Bataille, G.）

　バタイユ，G.／酒井健訳（1992）ニーチェについて―好運への意志　無神学大全 69　現代思潮社

# 第2章　作業療法・デイケアにおける
　　　　　ダンス／ムーブメント・セラピー

鍛冶　美幸

はじめに

　ダンス／ムーブメント・セラピー（以下ダンス・セラピー）が，精神障害者へのリハビリテーション治療の一環として精神科作業療法やデイケアのプログラムに導入されることが増えてきている。ダンスや踊り自体は，かねてからレクリエーションとして活用されてきたが，ここで紹介する集団ダンス・セラピーは，ダンスや身体動作を活用して精神的な変化や心身の統合を促進し，心理的成長や治癒を目指す心理療法的アプローチである。具体的には，セラピストが参加者の自発的な動作表現をもとに振付を行ない，その時その場でのグループの雰囲気に合わせて即興的にセッションを構築していく。そのため，心身の機能レベルやニードに応じて，さまざまな治療的目的のために用いることが可能であり，適用できる対象は幅広い。本稿ではこのダンス・セラピーを精神科作業療法やデイケアにおいて実施する際に必要とされる基本的な枠組みと，プログラム作成および実施の具体的な方法や留意点について述べたい。

## 1. ダンス・セラピーの実施法

　精神障害者を対象に集団ダンス・セラピーを実施する場合の基本的な方法を紹介する。

## 1. 基本的な構造

### (1) グループのサイズ

言語的集団精神療法と同様に，8～12名程度が適当であろう。途中からの参加や退出を認めるオープングループの場合，あらかじめグループのサイズを決めておくことが難しい。その際，セラピストはグループのサイズに応じて，臨機応変にセッションを構築していく必要がある。たとえば，参加者数が多い場合にはアシスタントの配置が必要になる。また参加者数が少ない場合，個々の参加者にかかる負荷を考慮して，セッションの時間を短縮する，などである。

### (2) グループ形態

オープングループまたはクローズドグループいずれでも実施可能である。誰でも気楽に参加でき，参加者の心理的負荷が少ないことがオープングループの利点であろう。

またクローズドグループは，メンバーシップが明確であり凝集性が高く，継続的なグループの発達過程の中で深い感情体験が可能になるという点で有意義である。

### (3) 実施場所

十数名の人が，円形で簡単な運動ができる程度の場所（レクリエーションルームなど）。狭すぎると十分な動作を行ないにくく，広すぎるとセラピストや参加者の声や音楽が聞き取りにくくなったり，グループの凝集性に影響を与えることがある。

### (4) 時間と頻度

週1～数回。プログラムは，45分程度のセッションと，セッション前後のスタッフミーティング，会場準備，グループおよび個々の参加者に関する評価記録の作成を合わせて2時間程度。セッションの実施時間は，対象者の病態や回復過程によって異なる。集中力を持続することが難しい患者や，高齢者などの疲れやすい患者を対象に行なう場合，時間を短縮することもある。

### (5) スタッフ構成

ダンスセラピスト1名，必要に応じてアシスタント1～数名。セラピス

トやアシスタントの性別は，参加者に合わせ配置すると良い。たとえば，男女混合のグループでは男女のスタッフがチームを組んでセッションを行なったり，男性のみのグループを女性のセラピストが担当する時は，男性スタッフにアシスタント役を引き受けてもらうなどである。

　病棟単位のグループでは，当該病棟の看護スタッフ等にアシスタントとして参加してもらうと良い。患者はこのセラピーが病棟スタッフに承認されていると感じ，安心して参加するようになる。また看護スタッフも，普段の病棟生活ではみられない患者の非言語的な自己表現に触れ，患者への理解を深めるきっかけとなることがある。

（6）道　具

　その場で操作が可能な音響機器（CD ラジカセなど），音源となる CD や MD。音楽は，グループの多様なリズムや雰囲気の変化に対応できるよう，バラエティをもって用意する。音楽はあくまでもグループのムードを反映し，動作の構造化や発展を支持するためのものなので，それによって参加者のイメージが限定されるような「おなじみの曲」や，歌詞のわかる日本語の楽曲は適当でない。

　他に，必要に応じて各種小道具を用いる。リボン，ボール，伸縮性のある布，簡単な打楽器などの小道具は，運動機能が不十分な患者や，象徴化能力に障害のある患者を対象としたセッションではとくに有効である。筆者は，発達障害者や老人性痴呆の患者を対象としたセッションではこれらを用いる。

　また見学者や運動機能が不十分な参加者がいる場合，椅子席を用意することもある。


## 2．セッションの進め方

　次にセッションの進め方を簡単に紹介する。ここで取り上げるのは，ダンス・セラピーの創始者マリアン・チェイス（Chace, M.）の方法に基づくチェイス派の集団ダンス・セラピーの方法である。

　セラピストはグループの雰囲気に合った音楽をかけ，患者の自発的な動作表現のうち健康的な表現を取り上げ，それを強化するよう即興的に動作を振

り付ける。必要に応じて動作が象徴するイメージを言語化したり，非言語的に表現されている事柄を解釈して言語で伝え，動作を通した感情プロセスの展開を助ける。

グループは円形をとることが多いが，セッションの展開に応じて，列になったり，小グループに分かれたり，ペアを組んだり，さまざまなフォーメイションをとる。

セッションは，概ね次の3段階を経て展開していく。

1) ウォーミングアップ：受容的な雰囲気作りとトルソー（体幹部）を中心に身体各部の活性化を行ない，参加者から自発的な動作表現がみられるように導く。

2) 発　展：動作の中にみられる健康的な感情表現を引き出し，グループの感情的なテーマへと発展させる（ここで述べる「健康的な感情表現」とは，"うれしい"，"楽しい"といった陽性感情のみでなく，"怒り"や"悲しみ"等の陰性感情も含め，さまざまな感情が適応的に表現されることを意味する）。

3) 終　結：高まった感情が整理され，心身の平静を取り戻してセッションを終了できるよう導く。

### 3. ミーティング

セラピストとアシスタントはセッションの実施前にプレミーティングを行ない，個々の参加者の様子や，その帰属集団（病棟やデイケア全体）での出来事を把握する。また実施後にはアフターミーティングを行ない，セッションのプロセスとその中で生じた患者の心身の変化について，印象や解釈等を共有し，必要な情報は治療チームに連絡する。

### 4. 記録の作成

セラピストは，終了後に個々の参加者に関する評価診療録に記載する。参考までに，筆者の使用している個人記録表を紹介しておく（図1）。また，グループ全体の流れを力動的に評価した記録を作成しておくと，グループの

第2章　作業療法・デイケアにおけるダンス／ムーブメント・セラピー　39

| 年　月　日（　）　　：　～　　：　　／病棟・氏名 |
|---|
| ＜参加状況＞ |
| ＜行　動＞ |
| ＜解　釈＞ |
| ＜目　標＞　　　　　　　　　　　　　　　　　　　　担当　　　　　　 |

　個々の参加者について，参加の仕方（参加状況），セッション中の動作表現や言語的表現（行動），それらの表現に対するセラピストの解釈（解釈），ダンス・セラピーでの目標（目標）を記録する。
　記録は診療録に添付される。

図1　個人記録表（B6）

| ダンス・セラピー　グループ記録 | | | |
|---|---|---|---|
| グループ名 | | | |
| 年　月　日（　） | 時間　：　～　： | 参加人数　　　人 | 担当名 |
| 参加者： | | | |
| プレミーティング： | | | |
| 内容・経過： | | | 音楽： |
| グループの様子： | | | |

　グループ全体について，参加者名，プレミーティングで得た情報，セッションの内容とプロセス，使用した音楽，グループの様子を記録する。筆者らは，さらに裏面にセッション後のレビュー（アフターミーティング）の記録を書いている。

図2　グループ記録表（A4）

発達的変化を理解する上で有意義な資料となる（図2）。

## 2. 作業療法におけるダンス・セラピー

(1) 作業療法プログラムの設定

　精神科作業療法の一環としてダンス・セラピーを実施する場合，定められた施設基準を満たしていることが必要である。すなわち，精神病院あるいは精神病棟を有する一般病院において，基準を満たした広さの作業療法専用施設で実施し，プログラム運営には専従の作業療法士が加わることが前提となる。その上で，2時間を基準としてプログラムを設定し，個々の患者の診療録にセラピーの要点を記載することが求められている。これを満たした場合，所定の診療報酬を請求することが可能となる。

(2) 作業療法プログラムとしてダンス・セラピーを実施するために

　精神障害者のリハビリテーション治療は，病態や回復の程度に応じて，さまざまな活動内容や治療形態を適用しながら進められる。ダンス・セラピーでも，患者の回復過程に沿った構造化と介入を行なっていく。

### 1. 早期のダンス・セラピー

　入院直後の安静期を過ぎると，患者の多くは徐々に簡単な活動を行なうことが可能となる。しかし，中には，精神症状によって治療スタッフを含めた周囲の人びとと十分な言語的疎通が保てない患者もいる。また，この期間の患者には，「なぜ，入院させられたのか？」「ここ（病院）で何をされるのか？」等々，治療環境を含めた周囲への不安や不満，不信感を強く抱いている患者も少なくない。

　こうした入院して間もない亜急性期患者を対象にダンス・セラピーを行なう際，安全な治療的枠組みの中で参加者に安心感を与えることが必須である。そして，参加者にとって無理のない範囲での活動を通じて，発散や気分転換を計ったり，動作を通した他者との現実的な関わりを楽しめるよう導く。セラピストは侵入的にならないよう配慮しながら，受容的かつ支持的に接する

よう努める。
　以下にセッションの進め方について述べる。
　＜導　入＞
　先述のとおり，ダンス・セラピーは幅広い対象の患者に適用可能である。作業療法士による導入面接で，音楽や体を動かすことに関心があると述べた患者や，身体エネルギーの発散やグループ活動を通じた対人交流が適用であると思われる患者に導入すると良い。
　自他に危害を加える可能性のあるものへの導入は適切でない。また身体疾患や低体重等により運動に制限のある患者も同様である。
　患者によっては「関心はあるが，恥ずかしい」等と言うものもあるが，その場合まず椅子に座したままでの見学参加を勧めると良い。見学でも十分にグループの雰囲気を味わうことができるからである。筆者の経験では，慣れてくれば自然に立って皆と動くようになるものが多い。

　＜構　造＞
　1）グループの形態とサイズ
　参加者に負荷が少ないよう，セッションの途中でも参加や退出が可能なオープングループが適当であろう。したがって，参加者数もセッション中に増減があり，グループのサイズもあらかじめ決めておくことは難しい。
　2）実施場所
　グループの周囲にいくつか椅子を置いておき，見学や座ったままでの参加，途中休憩も可能にすると良い。
　3）時間と頻度
　週1～2回，セッションそのものは約30～45分程度。患者によっては45分間活動に集中するのが難しい場合もあるので，疲れたら途中で見学者席に着いて休んだり，途中から参加したりと，参加者の状態やニーズに応じてグループを活用できるようにすると良い。
　4）スタッフ構成
　グループの安全の保障と，支持的な雰囲気作りが不可欠である。そのためセラピストのほかに1～2名のアシスタントが加わり，他の参加者に比べ，

混乱していたり，協調的に動くことが難しい参加者に対して個別の援助を行なうことが必要である。ただし，患者数に比べ，スタッフの数が多すぎて参加者を圧倒することのないようにしなければならない。

5）道　具

音楽は，強すぎないが明確なリズムがあり，落ち着いた雰囲気のものが適当である。参加者の過度な興奮を誘発する激しい曲調のロックは適当でない。また，リズムが不明確で幻想的なヒーリングミュージックも，非現実的な知覚を誘発することがあるので注意しなければならない。筆者は，軽いロックやポップス，レゲエ，クラシックや民族音楽，映画音楽などを用いている。

＜実施上のポイント＞

この時期の患者には，陽性症状が強く非現実的な知覚に左右されがちなものも多いため，セッション中にそうした体験を誘発するような介入は避けなければならない。たとえば，じっと目と目を見詰め合ったり，瞑想や目を閉じるような場面は避けるべきである。また，興奮の強い患者がいる場合は，セッションの後半に気分が高まったままで終了させず，十分に終結（セッションの3段階（p.38）を参照）の時間を取るようこころがける。

## 2. 回復期のダンス・セラピー

回復期は社会復帰を目的とし，自律的な活動に取り組む時期である。活動性が高まり，社会的な関わりが増える参加者に対して，セラピストは強いリーダーシップを発揮するよりはむしろ黒子役となって，参加者の自発的表現を促し，自律的なグループの発展を支持する。また，この時期は自律に伴い，現実的な自己認識を求められ，病気という現実を見つめ，葛藤し挫折感を味わう時期でもある。退院への焦りや不安，疾病に伴う喪失感等の言葉にすると辛くなるような感情も，ダンス・セラピーでは動作を媒介とすることで表出しやすいことがある。セラピストは共感的態度でこうした感情プロセスに寄り添い，参加者がグループの共感，受容，支持を受けながら多様な感情表現・感情体験をし，自分の感情の普遍性と妥当性を確かめる機会をもつことが可能となるよう導く。

＜構　造＞
1) グループの形態とサイズ
8〜12人程度の参加者によるクローズドグループあるいはオープングループ。
2) 実施場所
参加者が安心して深い感情を吐露し，セラピーに集中できるような場所が望ましい。
3) 時間と頻度
少なくても週1回，セッション自体は45分程度。
4) スタッフ構成
セラピスト1名。必要に応じアシスタント1〜2名が加わると良いが，スタッフ数が多すぎて，保護的になりすぎないよう注意が必要である。
5) 道　具
参加者のなかに陽性症状が強く残っているものや運動機能に著しい障害のあるものがいなければ，いろいろなタイプの音楽が使用できる。先に早期の項で挙げたものに加え，R＆Bやジャズなど，さまざまなリズムやムードのものを，その時その場の様子に合わせて用いる。

＜実施上のポイント＞
この時期の患者を対象にしたダンス・セラピーでは，先に述べたとおり，参加者の自発的な表現に基づき，自律的にグループが展開されることが望ましい。具体的には，相手に配慮し調子を合わせ，一緒に行なう動きと個々に自由に創作して行なう動きの両方を盛り込むことや，個々の参加者がセラピストに代わって短時間ずつグループをリードする場面を作るなどの介入が有効である。

## 3. デイケアにおけるダンス・セラピー

(1) デイケアのプログラム設定
現在わが国の精神科デイケアには，病院や診療所等の医療施設内にあるも

の，デイケアセンターや精神保健福祉センターといった精神科リハビリテーション専門施設，保健所のデイケアなど，設立運営主体やそれに伴う活動目標の異なるさまざまなタイプがある。いずれの施設においても，精神科デイケアの治療プログラムの一環としてダンス・セラピーを実施する際には，専用施設の広さやスタッフの配置等の基準を満たし承認されたデイケア施設内で，入院中以外の患者を対象とし，専従する従事者（作業療法士，看護師，臨床心理技術者，精神保健福祉士等）と協同し，行なうことが前提である。

(2) デイケアのプログラムとしてダンス・セラピーを実施するために

デイケアの利用者は，就学や就労など具体的な目標に向かってリハビリテーションを行なうもの，症状の安定化と社会的な能力の向上を図り，次のステップへの準備性を高める必要のあるもの，デイケアの利用により生活が安定している現状維持群など一様ではない。プログラムの設定にあたっては，対象や目的に応じて工夫が必要であるが，本項では社会復帰訓練期と慢性期・維持期の2つに大別し，それぞれに応じた実施上のポイントについて述べたい。

### 1. 社会復帰訓練期のダンス・セラピー

復学や復職，就労といった社会参加を目指す訓練期は，適応的に自己表現を行ない，他者との相互的関わりのなかで協調的に活動したり，適切に役割を遂行できるようになるための練習の時期である。この時期のダンス・セラピーも回復期と同様に，参加者の自発的な表現に基づき，自律的にグループが展開されることが望ましい。さらに参加者に十分な自我の強さ，心理的関心，変化への動機づけ，対人刺激への耐性がある場合，力動的・洞察指向的なグループの方向づけも可能である。

グループの構造は，先に述べた回復期の場合と同様に考えて良い。

＜実施上のポイント＞

ダンス・セラピーでは，患者の病理的な行動や投影は，主に動作や態度といった非言語的な媒介で表出される。自我機能レベルが比較的高い患者を対象とした洞察指向的なグループでは，セラピストは参加者のもつ対人場面で

の病理的な行動がグループで繰り返されないよう注意し，適切な対人的行動や役割行動を学習できるよう導かねばならない。その為には，個々の参加者が自分らしさを失わずにグループの他者と協調できるように援助しながら，適宜，言語的介入や動作を通じて，直面化や解釈を行なっていく必要がある。

## 2. 慢性期・維持期のダンス・セラピー

　精神障害者の中には，陽性症状のコントロールに悩まされたり，陰性症状に沈み活動性が低く無為自閉的生活になりがちなため，生活の安定性の維持を目的に長期にわたってデイケアを利用するものもある。そうした患者にとってデイケアは重要な社会参加の場であり，かけがえのない居場所となっている。しかし，中には，自己表現や対人交流が苦手で，他者と楽しみを分かち合うことが困難なものも少なくない。ダンス・セラピーでは参加者に合わせて柔軟にセッション内容を構成していけるので，音楽を聴いたり簡単な動作を楽しむなど，比較的負荷の少ない形でのグループ参加が可能である。また，他者と同じリズムに乗って体を動かしたり手をつなぐなどの軽いスキンシップは，参加者が自然に他者と関わり，孤独を忘れ，グループの一員として仲間と楽しみを分かち合う体験をもたらす。

＜構　造＞

1）グループの形態とサイズ

　参加者に負荷が少ないよう，セッションの途中でも参加や退出が可能なオープングループが適当であろう。ただし，参加の継続性が保障され，レギュラーメンバーが尊重されるような雰囲気作りがのぞましい。

2）実施場所

　慢性患者の中には，疲れやすいものや高齢のものが少なくないので，グループの周囲にいくつか椅子を置いておき，座ったままでの参加や途中休憩も可能にすると良い。

3）時間と頻度

　週1〜2回，セッションそのものは約30〜45分程度。疲れたら途中で見学者席に着いて休んだり，途中から参加したりと，参加者自身が自分で活

動量をコントロールし無理なく楽しむことを支持する。

　4）スタッフ構成

　グループが参加者にとって馴染みの場所となるためには，セラピストのほかにアシスタントも毎回同じスタッフが参加すると良い。1～2名のアシスタントが加わり，他の参加者に比べ，混乱していたり，協調的に動くことが難しい参加者に対して，個別の援助を行なうことが必要である。

　5）道　具

　音楽は，「早期のダンス・セラピー」の項で挙げたものに準ずる。

## 4．セッションの実例

　最後に，筆者が実施したセッションの実例を紹介したい。プライバシーに配慮して，事実とは若干変えてある部分もあるが，雰囲気は伝わるであろう。

　1．構　造

　紹介するセッションは，精神病院入院中の女子亜急性期患者の集団ダンス・セラピーである。参加者は，9名で，年齢は20～35歳，診断は境界性人格障害4名，摂食障害3名，統合失調症1名，非定型精神病1名であった。スタッフは，女性ダンスセラピスト1名（筆者）と病棟看護スタッフ（女性）1名。セラピーは約40分間で，前後にスタッフミーティング，セッション後にグループの評価と参加者の個々人の評価表の記載が行なわれた。

　2．セッションの様子

　セラピストがセッションの開始を呼びかけると，参加者は互いにやや距離をとりながら緩い円形を作って集まった。表情は一様に硬く，腕をだらんと垂らしたものが多かったが，何人かの参加者にはトルソー（体幹部）の下の方や，下肢に力強さが見られた。グループは静かで，緊張感が漂っていた。

　セラピストは，ゆっくりとしたテンポで静かに始まるが，徐々に力強くアップテンポな曲調に変化していく女性ヴォーカルによるポピュラー音楽をか

けた。そして身体下部の力強さを促進させるよう，足で砂をかく動きを振り付けた。参加者は初め爪先で，やがて膝から下全体を使って砂をかき分けるように動いた。

やがて下肢が十分に力強く動くようになってきたところで，セラピストは「水の中で探しものをする」というイメージを言語化した。すると参加者は，膝を曲げ体全体で揺れながら，トルソーや腕を使って空間をかき分けるように動き始めた。

しばらくすると，全身を使って積極的に動くものと，不安げで動きが小さいものとの差が際立ったため，セラピストは〈自分の周りを確かめて，次に自分自身を確かめて〉と指示し，リズムに乗った全身の揺れを保ちながら身体各部に手を触れるよう振り付けた。

やがて音楽がテンポアップするにつれ，参加者の下肢の動きは強い足踏みに変わり，身体に触れる手もリズミカルなタッピングに変化していった。

なかには歯を食いしばって足踏みするものもおり，怒りの感情やエネルギーの高まりがみられたため，セラピストはリズムに合わせ，円の中央に向けパンチを行なうよう振り付けた。ほとんどの参加者のパンチは早く力強く，円中に真っ直ぐ向かっていた。しかし，トルソーに緊張の残るものや，パンチのリズムが明確でないものがいたため，セラピストはパンチをしながら〈ハッ！〉と掛け声をかけるよう促した。それによって，グループの動きは協調性を増し，明確で力強いものになっていった。セラピストが〈腹が立つことだってあるよね〉と言語的介入を行なうと，多くの参加者がこれにうなずき，表情の明るくなるものもいた。

やがて，1人でもこの動作を続けられるほど個々の動作が力強くなったため，セラピストは1人ずつ順にパンチをやってみせるよう指示した。参加者は各々自分なりのパンチを行ない，グループ内の他者から拍手や声援で支持された。どの参加者も，下肢を安定させ上半身を十分に使い，開始時に比べ，統合された動作でパンチを行なっていた。皆，声を上げてはしゃぎ，グループは幼い少女の集まりのようだった。

その後再度全員でパンチを行なううち，参加者の動きに重量感が増してい

き，グループは悲しい雰囲気に包まれた。そこでセラピストは円の中央で皆が片手を重ね合うよう振り付け，〈怒った後って，悲しくなることがあるね〉とグループの雰囲気を言語化し，明確化した。すると4人の参加者が次々に泣き始め，涙はグループ全体に広がっていった。

　セラピストは音楽を静かなケルト民謡に変えた。一人ひとりが順に円の中央でグループの皆から抱きしめられた。グループは最後に円形に戻り，「羽根」のイメージで互いを包むように肩を抱き合い静かに揺れた。

　互いをいたわり合ううち，参加者間に笑顔のアイコンタクトが交わされるようになり，グループは優しく温かい雰囲気に包まれ，明るい日差しが射し始めたようであった。セラピストは参加者が気分的な安定を回復したと感じ，互いを抱きしめ合った手をゆっくり解き，各自が両手を上方へ伸ばし，グループに射し込む明るい光を手の中で捉え自分の胸に収める動きを振り付け，セッションを終了した。

### 3. このセッションの解説

　セッションの開始時，多くの参加者の表情や上半身の様子は抑うつ的だったが，トルソーの下方や下肢に力強さがあり，全身の動きは統合を欠いていた。セラピストはグループの雰囲気を尊重しつつ活性化させるような選曲を行なった。そして，「砂をかく」イメージで抑うつ的な雰囲気を承認しながら，下肢の力強さを引き出しながら全身を活性化するよう介入した。

　やがて，足元の力強さが下肢全体に広がったため，セラピストは「砂をかく」から「水をかく」へとイメージを変え，身体にかかる重力の大きさを意識させるよう介入した。多くの参加者の動きは全身的で力強いものになっていったが，外へ向かう表現的な動作の発展に不安になる参加者もいるため，自分の身体に手を触れ，安心感を取り戻す動きを付与した。

　その後グループの中に怒りの感情とエネルギーの高まりがみられたため，セラピストはパンチを行なうことにした。この時とくに掛け声を加えることで，動作のリズムとフレーズが明確となり，グループの凝集性が高まった。また，「怒り」の感情を言語化し，参加者が自己の感情を明確に意識化

し，そうした感情の普遍性が認識できるよう促した。そして個々のパンチはグループ全体から支持され，このような感情を表現することの妥当性が承認された。

グループはこの後悲しみを共有し，互いにそれをいたわり合うという動きがみられた。セラピストによって保障されたこの感情プロセスは，参加者が共感性と愛他精神を育む機会となっていた。こうした交流は，セッション開始時の参加者同士のよそよそしさとは異なり，またセッション中盤での幼い少女の集団とも異なった，青年期の親密さのようであった。

最後にセラピストは参加者が抱き合った手を解き，個人に戻りながらこのグループで培った希望を抱いてセッションを終了できるよう介入した。

セッションの全体を通じ，セラピストは参加者に共感し自発的な表現を尊重しつつ，その表現の健康的な側面を発展させるよう介入を行なった。また時に意図的にある動作を誇張する等で，表現された感情の明確化，動作を通じ体験される感情の幅の拡大，対人交流的表現の促進を行なった。

ここで紹介したセッションの治療的意義を簡潔に述べるならば，以下のとおりである。

①統合された感情表現
②対人交流機能の向上
③安全な枠組みの中で感情プロセスを体験する

20代前半の境界例患者および摂食障害患者を主とした本グループでは，このような治療体験が有意義であったと考えられる。

## おわりに

作業療法やデイケアにおいて，レクリエーションのダンスや体操など身体活動を取り入れたプログラムは珍しくない。しかし，ここで紹介したダンス・セラピーは，身体活動を媒介にしつつ「心を動かすこと」を目的とし，固有の技法と理論に基づいた身体次元からの心理療法的アプローチであり，従来の「体を動かすこと」を主目的とした活動とは異なるものである。

筆者は自身の臨床経験から，活動を通じて統合的で機能的な心身の獲得を促すダンス・セラピーは，精神障害者のリハビリテーション治療において独自の重要な意義をもつものであると感じている。

**参考文献**
1) 鍛冶美幸・香田真希子 (1998) 舞踏療法の実際　徳田良仁・大森健一・飯森眞喜雄・中井久男・山中康裕監　芸術療法2　岩崎学術出版社
3) 鍛冶美幸・香田真希子・遊佐安一郎・長谷川美紀子 (2000) ダンス／ムーブメント・セラピーの効果検討　日本芸術療法学会誌　31(2):42-52
4) 鍛冶美幸・香田真希子・遊佐安一郎・長谷川美紀子 (2001) ダンス／ムーブメントセラピーのトレーニングとスーパーヴィジョン　日本集団精神療法学会誌　17(1):49-53
5) Levy, F. J. (1988) Dance movement therapy. A. A. H. P. E. R., Virginia
6) 荻原美幸 (1994) 集団ダンス／ムーブメント・セラピー　山口　隆・浅田　護・菊池寿奈美編著　集団精神療法的アプローチ　集団精神療法叢書
7) Sandel, S. L., Chaiklin. S., Lohn, A. (1993) Foundations of Dance/Movement Therapy: The Life and Work of Marian Chace. The Marian Chace Memorial Fund of the American Dance Therapy Association, Columbia

# 第3章 心療内科・精神科クリニックにおける
## ダンス・ムーブメント・セラピー
―― 非精神病性疾患を対象として ――

尾久　裕紀

はじめに

　ダンス・ムーブメント・セラピー（以下DMTと略す）は芸術療法の中でも比較的新しいセラピーであるが，最近はさまざまな領域で導入されている。本稿では心療内科・精神科クリニックにおける非精神病圏の疾患に対するDMTについて述べる。事例を呈示し，当クリニックで行なわれているDMTの実際の流れ，手続き，やり方などを具体的に示したい。

　まず当クリニックの概要を述べる。東京都心部にある無床診療所で，標榜科は心療内科・神経科・内科である。さまざまなテナントが入っているビルの一室を借りている。精神科医，受付事務，カウンセラーが1名ずつという小規模のクリニックである。ダンスセラピストは1名でカウンセラーとして週1回勤務している。クライエントは企業に勤務する人が多く，ほとんどが非精神病圏の疾患で占めている。中でもストレスによるうつ病，心身症，パニック障害などが多い。

　精神病と非精神病について述べておく。精神病とは，①現実検討能力の障害，②社会適応の全般的低下，③コミュニケーション障害等がより重篤な疾患，とここでは定義しておく。したがって，非精神病はそれ以外の精神疾患であり，伝統的な診断名でいうと，神経症，人格障害，心身症などが該当する。

## 1. DMT 導入までのプロセス

### 1. 評　価
　まずはクリニックでどのような DMT が可能かを評価する。先に述べたように当クリニックのようにスタッフが少なく，他のテナントが入っているビルの中という構造で可能か否かという判断をしなくてはならない。具体的には，クライエントの病態水準，行動化の可能性などを判断する。

### 2. DMT について説明し，同意を得る
　DMT の位置づけが，日本ではまだ十分に確立していないといえるため，「あやしい治療法」との誤解を受けないためにもこの手続きを踏むことは大変重要と考える。説明の内容は次の項目である。
　1）診断上の評価：どのような状態，あるいは診断が考えられるか。
　2）治療の計画：DMT を行なう目的，方法，期間，効果。
　3）治療の危険性と利益：考えられる苦痛，不快，危険，副作用，および治療を受けた場合，どのような利益があるか。非常に稀だが，DMT によって体調が悪くなる例もある。これまでにカウンセリング，ボディワークなどで体調が悪くなった既往のあるクライエントは慎重に評価する必要があるだろう。
　4）ほかの治療法（代替治療法）：いくつかの治療法がある中で，なぜ DMT を選んだのか。DMT をすすめたばかりに本来必要な治療が遅れることになると有害といわざるを得ない。たとえばうつ病で精神運動抑制が顕著なクライエントに DMT をすすめることは負担になるだけでなく，本来薬物療法で改善する機会を奪うことになる。
　5）DMT をいつでも拒否したり，中断できること。

### 3. 判断能力の問題
　1）判断能力の必要性：クライエントの自己決定を尊重し，同意を得るこ

とが必要であるが，同意が有効であるためには，あくまでクライエントの判断能力があることが前提となる．精神疾患により判断能力が欠如している場合，クライエント本人がDMTを希望していても必ず保護者の同意が必要となる．
2) 判断能力の評価法：
    ①同意するか，しないかの意思表示をすることができるか
    ②理解力があるか
    ③同意するか，しないかの意思表示をした際の根拠が述べられ，それが合理的であるか
    ④同意するか，しないかの意思表示をした結果生じる危険と利益を比較できるか
    ①から④に進むにつれて厳しい基準になる．危険を及ぼす可能性が高くなるほど厳しい基準に，低いほど緩やかな基準をとるのが臨床的である．DMTの場合は身体を傷つけることはないが，精神療法と同じように心理的，ときに身体的な苦痛を生じることもありえる．
3) 判断能力評価の契機：クライエントは能力がないと証明されない限り，判断する能力があると考える．ではどのようなときに判断能力の有無を疑う必要があるのか？　以下のような能力に影響を及ぼす要因の存在が予想されるときに能力判定を行なう．
    ①必要な治療を拒否したとき
    ②精神疾患，痴呆，脳血管障害の既往があるとき
    ③クライエントが極度の不安，恐怖を示すとき
    ④クライエントがアンビバレンス，ためらいを示すとき
    ⑤説明し，同意を得た後に，その理解度を聞いたときに，クライエントの返答があいまい，不正確，首尾一貫していない，等の場合
    ⑥説明する前の段階で能力がないことが疑われるとき
4) 判断能力不全のときの対応：能力が十分にある場合，クライエントの意思を尊重するべきである．能力が不十分あるいは欠如している場合は，保護者が代わりに同意する．この場合もクライエント本人の意思を尊重

すべきである。

## 4. DMT の治療的枠組み

(1) 治療的枠組みとは
DMT における治療関係を規定するダンスセラピストとクライエントの取り決めである。「治療構造」ともいう。
具体的には，以下の項目について決める。
1) ダンスセラピスト，クライエントの数と組み合わせ：個人か集団，あるいはその複合
2) 場面の設定：医療機関内か外か，行なう場所
3) 時間：頻度，一回の時間，回数，期間
4) 料金
5) 契約内容
6) セッションのルール
7) 秘密の保持

(2) なぜ必要か
精神療法，DMT 共にダンスセラピストの技法，態度が柔軟であるため，治療的枠組みがなければ治療の関係や経過を読み取れなくなったり，気がつくと誤った方向へ進んでいるということにもなりかねない。またいったん治療的枠組みが設定されると，以後はその枠組み自体が治療の関係や経過を規定することになる。すなわちセッションにおけるクライエントのムーブメント，言語，ダンスセラピストへの態度や反応など治療上の重要な現象はすべて治療の枠組みから生じたものとして理解することができる。
したがってダンスセラピストはこの治療的枠組みを認識しておくことによって，治療の中で生じるさまざまな現象，関係，経過などを正しく把握することができ，また治療に生かしたり，変化を予測することも可能となる。

## 2. DMTの進め方

　では実際の事例を呈示し，やり方や進め方，その際のポイントについて実践的に述べる。なお，事例記述に際しては匿名性が保たれるよう十分配慮した。

### 1．事例のプロフィール
　Aさん，37歳女性，独身。大手の広告代理店勤務
　[**主　訴**] 会社に行く気にならない。
　[**経　過**] 16歳時，恋愛で悩み胃潰瘍になり，18歳時，受験のストレスで再度胃潰瘍になった。4年制の大学を卒業後，現在の会社に入る。入社1年後の23歳時，過労で肺炎になり3カ月入院した。30歳時に過労のためうつ状態となり，会社を休み，精神科で治療を受け4カ月で改善している。この時カウンセリングを受けたが，「意味があると思われず」2カ月で中断した。35歳時，突然，気管支喘息となり2週間入院，その3カ月後に気管支喘息が再発し1週間入院した。入院中アレルゲンの検査をしたが，原因が見つからずストレスが原因といわれた。毎回体調が悪くなると仕事のペースを落とし，もちなおすが，体調が戻ってくると毎晩終電に間に合わない時間まで残業し，ときには徹夜が2，3日続くこともあった。今回は3カ月前より「休日に外出する気にならない」「何もする気がおこらない」という意欲低下，食欲低下，集中力低下などが出現し，その後会社に行く気になれず，週に1日会社を休むこともあった。自らの意思で当院を受診した。
　[**性　格**] 人から頼まれると断れない，人に喜ばれるとうれしい，何事も徹底してやる。
　[**受診の動機**] 「仕事をやり始めると120％やらないと気がすまない。これまで走りすぎては倒れるということを繰り返してきた。今まではそれも自分の人生と思っていたが，今回，これではまずいと思った。またカウンセリングなど必要かもしれないと思う」との理解であった。

[診　断]
今回の診断　　：反復性うつ病性障害，現在中等症エピソード
これまでの診断：他に分類される障害あるいは疾患に関連した心理的および行動的要因，／胃潰瘍，気管支喘息（いずれもICD-10）

すなわちストレスが過剰に加わると心身症あるいはうつ病を引き起こす状態と考えられた。

[初診時の理解と対応] 心身共に疲労し，エネルギーがなくなっている状態であり，まずは自宅療養とし十分休息をとることをすすめ，本人も了承した。薬物療法も併用し fluvoxamine 150mg／日を分3投与とした。おそらく休養をとれば回復すると思われたが，「やりすぎる傾向」を改善しなければまた同じことを繰り返すことは容易に推測できた。

## 2. DMT導入まで

Aさんは自分の「やりすぎる傾向」を知的には十分理解していた。「わかってはいるが，また同じことを繰り返してしまう」のであった。言語的アプローチを主とする精神療法では知的な理解はされるが実際に行動の変化に結びつくことは難しいと推測され，身体的なアプローチも併用することが有効と考えた。当面は心身の回復が優先され，ある程度回復したところでDMTを始める方針をたてた。あまりエネルギーを用いない方法もあるとはいえ，ある程度心身の回復を確認し，余裕をもってDMTを始めた方がよい。とくにAさんのようにすべてにおいてがんばってしまう人，心身の疲労を感じられない人においては本人の希望だけで始めると時期尚早ということがある。

以上のことをAさんにも説明した。

## 3. 治療的枠組み

1) 個人／集団：身体的アプローチを用いた精神療法との位置づけであり，個別に対応する必要があると考え，個人セッションをすすめた。

2) 場面の設定：当クリニック内のカウンセリング室で行なうこととした。著者が主治医で，DMTは診療所のダンスセラピストが担当した。
3) 時間：毎週1回，60分。期間設定はしていない。
4) 料金：DMTについては，自費となる。
5) 契約：毎回のセッションについてはダンスセラピストと主治医との間で情報交換が行なわれ，治療方針を決定していくこと，それ以外には治療の中のことは秘密が守られることを説明した。

4. プログラム

(1) 考え方
アメリカ・ダンスセラピー協会（The American Dance Therapy Association; ADTA）の定義では，DMTは，「個人の情緒的および身体的統合を促進するための方法として，心理療法的に使う」ものとして捉えられている。ダンスというと一般に振り付けられた動きを想像することが多いが，DMTでは，即興的動き，型のある動き，からだほぐしを含むリラクセーションの要素を含む。

(2) 内　容
1) リラクセーション：からだほぐしの体操，相互マッサージ，脱力などで日頃緊張している箇所をゆるめる。
2) タッチング：自分のからだに触れること，他者のからだに触れることで非言語的なコミュニケーションをはかり，からだが感じることをそのまま受け入れる。
3) ブリージング：呼吸により心身の状態を整える。

(3) 各セッションの流れ
＜導　入＞
1) クライエントの表情，身体状態をまず目で確認する。あいさつなど言

葉をかけ，その反応を見る。
2）クライエントの不安，緊張を軽減するためDMTの目的，内容についてわかりやすく説明する。また，「決して無理をしないこと」「疲れたら休む」「やりたくないことはやらないことも参加のひとつの意思表示であること」を重ねて説明する。
3）導入のワークはウォームアップとなる。
　①簡単な動きを繰り返すことで緊張感を和らげる
　②少しずつからだを動かしながら，身体の状態を意識する
　③からだの動きとともに意識的に呼吸を促していく
という目的で，手先や足先の運動，手足指のマッサージなど，末端部を刺激するものから始めていく。まずは誰でもできる単純な動きでクライエントのからだと気持ちをほぐしていく。そして末端部から上半身，下半身など徐々に全身へと運動部位を広げていく。ダンスという言葉に抵抗があったり，自分のからだに劣等感をもつクライエントも入りやすいところから始めるということが大切な点である。

＜展　開＞
展開部では主に2つの方向性がある。
1）外的働きを促進する要素：リズミカルな，ときには激しい動き，発散，他者とのコミュニケーション，一定の法則性（リフレイン，リピートなど）をもつ動き，短く浅い呼吸，足踏み，床叩き，クラッピングなど音を出す行為，リズムのはっきりとした曲，スピード感。
2）内的働きを促進する要素：ゆったりとしたイメージムーブメント，内向，心とからだの内的コミュニケーション，自分のからだへの気づき，深く長い呼吸，触れるという行為，メロディアスな曲，無音，アンビエント（自然の音），浮遊感。

クライエントの状態，目的によって決まるが，だいたいどちらかの方向性が展開部のメインになる。

＜終　結＞
終わりに向けて，からだと心の調子を整えていく，クールダウンの時間で

第3章 心療内科・精神科クリニックにおけるダンス・ムーブメント・セラピー　59

ある。興奮気味，あるいは内的な意識に触れて現実感覚から離れているクライエントを徐々にグラウンディング（着陸）させなければならない。部屋から出て，またそれぞれの生活空間に戻っていけるようにする意味をもつ。このとき非常に有効なのがブリージングである。興奮した時は沈静していくように，内的世界に入り込んでいるときは現実に戻るように，ブリージングで普段の自分のリズムを取り戻すようサポートしていく。

　また，クライエントからの言語的フィードバックも重要なことである。その日起こったことの意味を自分の中でどのように位置づけるか，非言語的な世界から言語的な日常空間に戻る橋渡しの意味をもつ。

　とくに，医療機関においてはセッション中に気づいた点は早急に担当医にフィードバックしておくことが望ましい。

### 5．AさんのDMT経過

　合計37回のセッションである。うち32回目までは毎週1回の頻度で，以後月1回となり終了した。

　＜1回目〜6回目まで：DMT導入期＞

　初回，ダンスセラピストはアセスメントをしつつ，DMTの導入を行なった。本例では主治医がDMTの必要性などをアセスメントし，ダンスセラピストにも伝えているが，ダンスセラピストも独自に自らの視点でアセスメントすることが望ましい。Aさんの場合，まず今のからだの状態を感じてもらい，それを言語化することから始めた。また初期には，DMTの目的をときどき確認することによって，クライエントの動機づけを保つことも重要な点である。本例では，〈自分のからだが発するサインに気づき，回避するにはどうしたらよいか一緒に考えましょう〉（1回），〈仕事に復帰した後，同じことを繰り返さないようにするにはどうしたらよいか考えましょう〉（3回）等，確認しつつ，クライエントの希望を取り入れながら進めた。

　5回目のセッションでは「左手のしびれをなんとかしたい」という希望に対し，左手の身体症状を扱った。以下に〈治療者〉と「クライエント」のやりとりをあげる。

〈左手は今どんな感じですか？〉「しびれていて重たい。2,3倍に肥大していて，中に液体みたいなものが入っている感じ」（右手で左手の指に触れてもらい，感じたことを言語化してもらう）「乾いている感じ，殺伐とした感じ」（左手指にどんなことをしてほしいか質問してもらう）「わからない」〈左手指をどんなふうにケアしてあげたいか〉「してほしいようにしてあげたいけれど，してほしいことがわからない」〈右手は左手になにかしてあげられるか〉「なでてあげる，かまってあげることはできる」（そのようにやってもらう）「温めてあげるといい感じ。手をはなすとまた同じ」

以上を受けてムーブメントに導入した。

（治療者からクライエントへ）手のマッサージ。手をよくこすり合わせてからお互いの手の温かさを直接触れ合うことなく確かめる。（立位で）手ぶら，足ぶら。手足の先から汚れや疲れを振り出すようにイメージしながら上半身ぶら下げ。リラクセーションと呼吸法，温泉の中に浸っているようにからだを足先から温めていく。からだの上に太陽の光をイメージ。からだに光が降り注いでいる。吸う息と共に光が入り，吐く息とともに出て，体内が浄化されていく。

この頃から言葉を用いながらのムーブメントセラピーにも大分慣れる。セルフケア，セルフコントロールが自分でできることを実感できるよう，治療者からクライエントに対して行なう受動的DMTからクライエントの状態を一緒に考えながら行なうDMTへと切り替えていった。これまで，日によって抑うつ気分，倦怠感などが出現していたが，この頃から安定した状態が続く。

＜7回目〜21回目：ワークスルー期＞

この時期は知的なレベルでの理解と体験的な理解を統合すべく，言語，イメージ，ムーブメントなどをさまざまに組み合わせ，かつ繰り返し同じテーマを扱った時期である。

11回目は，その日のからだの状態を言語化したときに，「左右のバランスが悪い。右をかばうため左が凝る。肩に力が入っていて左右どちらかに片寄っている感じ」と述べ，「仕事とプライベートでもバランスがとれていなか

った」と連想する。Aさんにとって、「バランス」というテーマが重要であるという認識が明確になっていく。12回目は、「今後同じ状況に遭遇したときどう考え、対処するか」について、まず言語的に、次にイメージの中で、さらに言葉を変えて言語的に取り扱った。

13回目、「風船のワーク」を行なう。徐々に呼吸を増幅させていき、それに伴ってからだが膨らみ、しぼむ動きに身を任せ、だんだん風船を大きくしていく。その際、〈Aさんはがんばるのが得意なので、抜く方を大切にしましょう〉と声かけをする。このワークでは、からだを恣意的に「動かす」のではなく、呼吸にともなって「動いている」状態を体感してもらうこと、とくに息を吐くときの「抜ける」感じを十分に意識してもらうことが目的である。テーマは「頑張ることと抜くことのバランス」である。

14回目、立位で「背中合わせのストレッチ」、座位で「背中合わせのからだほぐし」を行なう。Aさんは、「どちらかが一方的に作用するのではなく、2人が同じ力で双方向に作用するのがエネルギーとしてはベストですね。片方だけの関係だと疲れますよね」と述べる。テーマは「エネルギーのバランス」である。クライエントはムーブメントによって引き出された連想を語ることがある。ムーブメントにより意識されないメッセージに気づき、それを意識化したといえる。

15回目、Aさんが、からだの状態に意識を向けながら、「左右のバランスが悪い」と述べ、治療者は〈ではどのようにしましょう〉と投げかけた。Aさんの「左右を揺すって一緒にしてしまえばバランスがよくなる」という言葉を受け、その感じに従って自由に動いてもらう。前屈して上半身ぶら下げ、からだを左右に揺する、ソワイショウ（巻きつけ）、猫のポーズ、からだまわしなど自発的にからだを動かす。セッションの最後に「会社生活では感情より論理が先行していたが、今は自分の中でわいてきた感情や思いを言えそうな気がする」と述べた。からだと心どちらも、極端になる前にバランスをとることがテーマであることを確認した。テーマは「感情と論理のバランス」である。

17回目、「お尻におできができた。小さいのにからだのバランスが変わっ

てしまった。結果的にゆっくりと時間を過ごした」という話を受け，ムーブメント，イメージを用い，再体験してもらった。その中でおできをサボテンとイメージし，その役目は体調の変化を教えてくれるシグナルと理解した。テーマは「バランスを崩すシグナル」である。

18回目，「これまでいつも努力していないとだめと思っていた」と述べ，治療者が〈努力の反対は？〉と聞くと，「怠惰」と答えた。Aさんにとって休むことや時間が空くことに何らかの罪悪感をもっていると思われ，積極的に休むことを楽しむこと，休むこととリラックスすることが自然と結びつくことが大事と考えた。「努力とリラックスのバランス」がテーマで，このセッションでは13回目に行なった「抜く」ことを目的に脱力中心のワークとした。床に横たわる。寝返りをうつ。何度も繰り返す。場所を移動しながらからだが動きたいように動かす。次に上半身だけ起き上がり，崩れる。いろいろな形でいろいろな場所で，引っ張られる意識で起き上がり，自分のからだの重さで崩れる。これを繰り返す。寝ている状態から立ち上がり，倒れる。このとき立ち上がっていくプロセスを味わう。重さの移動，立ち上がることのエネルギーを感じる。

＜22回目〜32回目：応用の時期＞

会社を休職中に退職し，フリーになり仕事を始めた。これまで行なってきたセラピーを実生活で生かす時期である。ワークスルー（徹底操作）によって内在化された感覚，行動をさらに再適応させることが目的である。

22回目，以前と同じ状態にならないために，どのようにするかを話し合う。次にムーブメントに移り，以前と現在でからだがどのように違うか感じてもらう。これは言語的セラピーの後，ムーブメントセラピーを行なうことで，クライエントが考えていることと，身体感覚のすり合わせをすることが目的である。

その後，仕事を含めた日常生活上，クライエントの動きに応じたサポートをし，さまざまな状況で以前と変化した考え方，行動について確認し，過去の整理をし，将来へつなげることを繰り返した。

32回目，「季節によって体調がよくなったり，悪くなったりすることが受

け入れられるようになった」「からだと自分，以前はからだに命令して言うことを聞かせるというやり方だった。今はからだに合わせてやろう，生き物だからしようがないなと思っている」と述べ，Aさんがこれまでのセラピーで得たことが集約されていると思われた。クライエント，治療者共にセラピーが終わりに近づいていることを感じ，そのことを話し合った。

＜33回目～37回目，終結期＞

Aさんの希望を聞き，以後月1回の頻度とし，これまでのまとめをすることとなった。

33回目，「これまで最も理想的なところだけをみて，そこへ至るまでのプロセスは評価しなかった。始めと終わりしかなかった」との発言を受け，プロセスの重要性をムーブメントで体験してもらった。

35回目，1年を振り返り，「感慨深い。この1年何もかも変わった。自分の感覚が正常になり，この感覚でやっていけばほどよくいきそうです」と語った。

37回目，これまでのセラピーの経過，得たものを確認し終了となった。

## おわりに

言語的セラピーとムーブメントセラピーをうまく組み合わせると効果がみられることがある。すなわちクライエントがムーブメントのプロセスの間に体験したことを言語化させる，ムーブメントによって引き出された連想を扱う，ムーブメントに言語的な意味を与える，等である。本例では言語とムーブメントをつなぐ方法として，イメージが重要な役割を果たした。このようなDMTは，いわゆる心身症といわれるクライエントには効果が高い。心身症ではさまざまな程度に「心身相関の障害」があり，言語的セラピーだけでは心身の統合までには至らないことが多い。結果，「頭ではわかっているが，同じことをくりかえしてしまう」ことになる。このような場合，クライエントの知的な気づきが体験的な理解と統合されてはじめて変化が起こる。

DMTの実際について本稿では心身症の1例を呈示してDMTの実際の

進め方について述べた．対象が他の精神疾患の場合，行なう場が医療機関ではない場合等，条件が異なると方法も変わってくるが，共通の考え方もある．今後さまざまな状況におけるDMTの実践を通して議論が深まることを望む．

　稿を終えるにあたり，このDMTを担当し，毎回詳細な報告と貴重な意見をいただきました，原キョウコさんに深く感謝します．

**参考文献**
1) Behar-Horenstein, L. S., Ganet-Sigel, J.（1999）The Art and Practice of Dance/movement Therapy. Pearson Custom Publishing, Boston
2) Cassileth, B. R.（1998）The Alternative Medicine Handbook: The Complete Reference Guide to Alternative and Complementary Therapies. W. W. Norton, New York（浅田仁子，長谷川淳史訳（2000）代替医療ガイドブック　春秋社）
3) Lewis, P.（1986）Theoretical Approaches in Dance-Movement Therapy, Vol. 1 & 2. Kendall/Hunt Publishing Co., Iowa
4) 尾久裕紀（2000）精神医療における意思決定能力　年報医事法学　15

# 第4章　一般医療現場におけるダンスセラピー

梅田　忠之

## はじめに

　ダンスはリズムに乗った一連の動きを通じて感情を表現する方法であるといわれている。そのあとでは思わず笑みがこぼれる程の快感を覚えて気持ちが安定する。もちろん身体を鍛練する働きも大きい。

　筆者らのダンスは，アメリカ的な明るい雰囲気を日本へ，という意味を込めて「アメリカンダンス」と名づけている。これには，エアロビクス，ディスコダンスから，モダン・ラテンの社交ダンス，それにグループダンス，民謡ダンス等，多種のものを組み入れている。

　健康をもたらすものはすべて楽しい感情と結びついている。喜び，楽しさの感情は二度役立つという意見がある。第一にそれ自身すぐに楽しむことができる。第二にそれは心身の健康を維持増進させるものだという理由で楽しいライフスタイルのあり方が提案され推奨されている。逆に不快などの感情の嵐は心を傷つけ，身体を損なうということは心身相関の立場で立証されている。

## 1. アメリカンダンス

　さて，筆者とこのアメリカンダンスとの出会いは20年以上前のことである。友人に誘われ京都市の中心部の，ある会館へ出かけて行った。そこでこのダンスの創始者の佐伯敏子氏の柔軟で美しい動きを目のあたりにした。多

数の男女の参加者の中へ入って自分の体で体験した。短時間のレッスンであったが胸腹部，腕，脚など日頃の運動不足で錆びついた諸筋肉が強烈に伸縮し，心臓や肺はフル活動，だんだんと表情がほころんでくるのが分かった。

　心の状態が身体へ影響するとともに，身体の動きが心に刺激を与えるという，いわゆる心身相関を研究する心身医学の新しい治療技法を探し求めていた筆者は，踊りの中に入りながら，これこそ医学的心理的療法として，さらに芸術療法・運動療法としても大いに価値があると直感した。翌日すぐに佐伯氏に連絡をとり，筆者らのレッスンの指導をお願いした。

　ダンスの，心理療法としての効果の客観的指標を得るために，脳波の$\alpha$波の発生数を測定することにした。脳波の$\alpha$波が発生するのは，瞑想状態に近い意識の集中が行なわれていて，緊張感がなく，十分リラックスしている時である。この検査法を取り入れたのは，心身医学のわが国におけるパイオニアである九州大学教授（当時）池見酉次郎博士の助言による。

　この測定には，$\alpha$波のバイオフィードバック装置である「バランスアルファメーター301型」を用いた。具体的方法としては，ダンス開始前と終了後とに，自律訓練法の練習をしながら$\alpha$波の発生数を測定し，ダンス前と後の発生数を比べた。その結果，ダンス開始前に比べてダンス終了後に$\alpha$波の発生数が著しく増加することが明らかになった。

　ストレスの多い日常生活の中で，脳内にうっ積していた心のエネルギーが，ダンスによって解放され，脳中枢が十分にリラックスして安定した状態に入ったことを意味する。ダンスが身体面だけでなく，心理的にも大きい意味をもつこと，またスポーツの一種としても美の表現という芸術としてもその効果を追究していく必要があると考えた。

　1990年に東京で開かれた第1回の日本臨床スポーツ医学会に出席して私は1つの発表を行なった。それまでスポーツ医学の対象としてダンスが取り上げられたことは寡聞にして筆者は知らない。この学会でもダンスの演題は他にない。ついでであるが，大百科事典のスポーツの欄を引くと項目が何十種あるなかで，その一番最後には「ダンス」とあったので自信を持ったことがある。筆者は次のように述べた。「ダンスは他のスポーツと同様に身体

各部の機能の向上に有効である。四肢の動きによる筋肉，骨，関節などへの刺激は脳の機能を活性化する働きがある」。

心理面では，音楽に乗ったリズミカルな動きによる感情の発散，集団のもつ相互作用，非日常的な時間がもたらす心の安定作用がある。さらに美の表現という芸術的な要素を含んでいる。

非日常的時間に対して日常的時間というのがある。前者は「ハレ（晴）」と表現され，後者は「ケ（褻）」ともいう。ハレは，祭り，旅，博覧会，パーティ，おしゃれなど外へ出て自己表現するものである。身体・精神両面を高揚させ，自然にストレスの解消に向かわせるもので，人間が知らず知らずのうちに創造してきたものと思われる。

中高年男女の運動として初心者にもやりやすいこと，こだわる人にとっては逆にストレスにもなりかねない「勝ち負け」にはこだわらず，仲間との交流が楽しめることも大きいプラスである。

ダンスの効果を見極めるために，面接，カウンセリング，心理テスト（CMI，交流分析等），医学的検査などによって調整した。

筆者らのダンスのレッスンに参加を勧めている対象は主に次のような人びとである。

①持病が長引き，早く治癒したいと願っている人
②運動が不足がちの日常生活が続くため，心身共に倦怠感を覚える人
③気持ちに不安感があり，対人交流を求めている人
④地域や職域などで，互いに対話したり楽しんだりして充実した生活を願う人

新しく一歩を踏み出すためには私どものレッスン場へ友人たちに誘ってもらって1週1～2回でも見学し，練習風景を見ることも参加の大きい動機づけになる。

レッスンのプログラムはおよそ次のとおりである。

①準備運動としてのダンス
②エアロビクスとストレッチ体操
③ディスコダンス，モダンダンス

④自律訓練法
⑤ミーティングと休憩
⑥グループダンス
⑦社交ダンス
⑧③の復習
⑨終了運動としてのダンス

　ここで，冒頭で述べたダンス教師の佐伯敏子氏から寄せられたメッセージを紹介する。

　「私は約30年前，ニューヨークに5年間滞在する機会があり，そこで多くの経験をしました。特に印象に残ったのは中高年の人びとが，生き生きと輝くように美しく踊っている光景でした。それはダンスホールなどの特別な場所ではありません。たとえばバーベキューやティーパーティの席，普通のリビングルームなどです。旅行したときも，夕食時に少しばかりの空間と短い時間があればそれを利用します。そこでは表情豊かに音楽にのって踊っておられる。このようにダンスが生活にとけこみ，生活の一部として映りました。日本では，職業的な一部の人は別として，一般の中高年者層にはそのような機会も場所もなかったように思います。私は車を馳せてニューヨーク郊外へレッスンに通いました。何年かして日本人として初めてアメリカのダンス教師の資格である"ダンスエディケーター・オブ・アメリカ"を取りました。アメリカから帰国後，中高年者層の体力に合った親しみやすいダンスを工夫し，"アメリカンダンス"の誕生となりました」。

　「約22年前に京都の梅田夫妻との出会いがありました。以来，アメリカンダンスの講習会を続けて今日に至っております」。

　「レッスン半ばの休み時間に心身医学的休息法である"自律訓練法"を練習しています。50代，60代の女性の大半は，子育てが終わり自由な時間が得られることを楽しみにしてきたと思います。現実に子どもたちの結婚，出産，孫の世話，高齢の両親との関わり，また夫の退職の時期となって次第に生活のリズムが変化する。その上，自己の身体の変調があらわれて体力に自信が保てなくなり，ストレスが蓄積していくのに気づきます。このこと

は週1～2回，自分だけの時間をもち仲間たちと一緒に，体を動かして汗を流したり，自らの健康，病気のことなどを話し合ったりするうちに解放されるようになると思います。体力もついて，家族にも優しく接するようになり，ゆとりが生まれる。これはダンスを続けた幸せを感じる時でもあります。30年前に見たアメリカの人びととの生き生きと輝いていた表情のように，日本でもいろいろな施設で，特に中高年の皆さんが美しく魅力的に踊っておられるお姿は感動的でもあります。近ごろダンスの効用をますます確信するようになりました」。

## 2. ダンスの心身の健康維持，病気治療の効果について考えてみよう

　中高年の人の多くは育った時代のせいもあって趣味面，スポーツにやや縁遠く，ルールを憶えて新しいものに挑戦するのも億劫だと思って遠ざかりがちである。
　共通の遊びをもつことは親しみの感情がめばえてくるものである。親子，夫婦，嫁姑との関係で起こりやすい，たとえば，台所症候群，燃えつき症候群などを解消し得る媒体とすることができるのではなかろうか。
　ダンスは肩，脚など平常使用していない筋肉も動かす働きがある。
　勝負にこだわる人も，ストレスの原因になりやすい他人との競争を意識しなくてもよい。
　昭和一桁生まれ，またはそれ以前の人たちは仕事が善で，遊びなどが善ではないといわれた時代に育ってきている。周囲と調和し，明るい雰囲気をつくるように考えを改めていく必要があろう。
　服装で外見を若くすると心も若くなり，考え方も若々しく積極的，行動的になるという原則がある。グループ内の交流も広がって新しい友人ができ，人間関係が良くなるという隠れた効用もある。
　読書三昧という言葉があるように，ダンス三昧という境地にひたることができる。三昧は悟りの境地にいるということで，心が安定した状態にあるこ

とである。したがって血液循環機能，内分泌機能もよくなり，全身の体調も整って生気がみなぎってくるのがわかる。そのために，振付を覚えてしまって隣の人と会話しながらでも楽しめるようになれば理想的である。「病は気から」は昔からいわれてきた言葉である。日本でも外国でも心と身体が相互に関係し合っていることは体験的にも知られている。2回の世界大戦では，心に痛手を受けて病気にかかる人が増えた。いわゆる戦争神経症である。戦傷者の数よりも多かったという。そこで医学の中に心理学を取り入れる必要が出てきた。これが心身医学の始まりである。医学の中には内科，外科，その他多くの専門科目があるが，心身医学はこれと横並びの位置にあるのではなく，どの科目の疾患の診断や治療にも取り入れられるべき思考法と技法の医学である。

　一例を挙げる。ある兼業主婦の患者が次のような報告を下さった。

　「去年，突然激しいめまいに襲われ，一歩も動けなくなりました。これといった病気もなくて今日まで過ごしてきたのにやはり年齢とともに赤信号が出てきたのでしょうか。めまいの新薬も安定剤も効き目はありません。そのとき，先生を訪れ診療してもらっているうちに，自分が心身症であることを理解できました。いろいろのストレスがあったことも納得できました。そこで先生のダンス教室に入れていただき週に一度心地よい汗を流すようになり，それからすぐにめまいから解放されました。今はダンスで速い回転の動きを繰り返しても平気です。年齢と体力に応じた運動の大切さ，また仲間の人たちとの楽しい雰囲気の中での練習やはずむ会話も大きく健康を左右することも分かりました」。

　「めまいの原因は，小脳や内耳などの病気の他にストレスが引き金になっていることも多く，私も参加しているうちに発病の因果関係を十分理解できました」。

　自律神経失調症，不定愁訴症候群という病名がつけられることがある。両者の本態は同じものといってよいであろう。自分の意思で活動することができない心臓や血管系，消化器，分泌機能などを司るのが自律神経系である。これは体にとって重要な存在であって，この動きが乱れ，体のあちこちが不

調でもやもやした状態のときにこの病名がつけられる。心身症の一種である更年期障害もこれに属するといえる。体がなんとなくだるかったりあるいは動悸，頭痛，めまい，不眠や胃腸の不調等の症状がみられる。二つ以上の症状が重なったり，また心臓から胃へ，などと症状が移動することが多いのが特徴である。この病気は診断をつけるのに慎重を要するため，医師も患者も別の意味で悩まされることが多い。というのはこの病気の背景にはしばしば心理的なものや性格，季節の変化，仕事などが関係しているからである。

　筆者はもともと耳鼻咽喉科医であるが，広い目で患者さんを診ていこうということから教授の紹介で国立の療養所へ赴任し，臨床と研究ののち京都大学の教育学部で臨床心理学，催眠学を学んだ。その後何年か経て九州大学の心療内科で学んだ。そしてある機会にダンスを体験して，これを治療法として取り入れることにした。

## 1. 心身相関——身体が精神に及ぼす影響

　身体活動によって精神の働きが活発となる。これは運動による筋肉や皮膚に対する刺激が大脳の覚醒中枢を興奮させたり，脳の血液循環を良くするからである。

　心身症の予防法，治療法には次のものがある。
①カウンセリング
②遊戯療法
③自律訓練法
④催眠療法
⑤運動療法，鍛練療法
⑥交流分析，精神分析
⑦ダンス療法　等

## 2. 消化器疾患

　胃腸は，飲食が原因で腹部が張った感じ，腹痛，吐気や嘔吐・下痢等の消化器症状を訴えることが多い。これらは胃炎とか胃潰瘍，胃腸神経症などの

病名がつけられる。また右上腹部痛（右肋骨の下縁）では肝臓が弱っているということになる。これらは，ストレスが脳，自律神経系を介して各種消化器に影響して害を与えているためである。仕事や人間関係に気を遣いすぎた結果と考えられるような相当はげしい症状を示すこともある。体が発する警報といってよい。この場合も，自律神経の刺激，胃腸の活動を促進する目的でダンスなどの身体運動が効をあらわすものである。

　胃，十二指腸潰瘍の患者の85％以上の発病や再発にはストレスが関わっているといわれる。「もの言わぬは腹ふくるるわざなり」「はらわたが煮えくり返る」「断腸の思い」など心理表現に消化器を使った言葉が多くみられる。胃・腸・胆嚢・心臓・血管など袋状の内臓はその機能を維持するため自律神経系の分布が多く，ストレスの影響を受けやすいことから，心身症が発生しやすい。

　ダンスによって自律神経を介しての内臓の刺激，知覚神経を介しての脳の刺激をすることの効果が理解できる。

### 3. アレルギー性鼻炎，感冒性疾患

　ダンスの効果は，交感神経が刺激されて鼻汁の分泌が抑制され，血液循環を良好にして鼻閉の原因である鼻腔内部の組織（下甲介，中甲介）の腫脹が短時間のうちに好転するのがみとめられる。高熱もなく，咳嗽（せき），倦怠感等全身の目立った症状がない程度の感冒であればむしろ無理ない程度の動きで好転するものである。

　アレルギー性鼻炎のある男性が3週間の海外旅行中は各地を歩き回ったり，ホールでダンスに熱中している間は全く症状が出なかったのに，帰国した途端に元通りのはげしい症状が出たと語っている。

　4月，5月には気温が徐々に上昇する。しかし数日ごとに7〜8℃程度も急低下することがある。いわゆる春寒（はるさむ）現象である。この時期にあわせてアレルギー性鼻炎が多発する。これは気象台から提供された毎日の天気図と当院の毎日の来院患者数のリストを対照した結果明らかになった。

　また9月，10月には段階的に気温が下降し，これに併行して水様鼻漏の

患者数が増加する。ダンスに参加している人たちでは，鼻炎などの感冒の症状が目立った人は著しく減るようである。これは耳鼻科の臨床学会誌に発表した。また，主婦の友社の「わたしの健康」（1981年4月）にも，掲載された。この雑誌では，アレルギー性鼻炎のセルフコントロール法として次のように説明している。「鼻の症状のひどいときはカラオケやディスコに没頭すればすぐ楽になる」。これは交感神経刺激によるものといえよう。

### 4. 腰痛症

日常生活の中で，姿勢変更の際に不自然な動きが続くこと，睡眠時，座位時等の無理な姿勢が原因でおこることがある。肥満が高じるときは重量を支えることが繰り返されるため腰部に負担がかかって腰痛をおこすこともある。適時局所の休養と体幹部を伸張する姿勢をとることも必要である。

腰痛体操というものが創案されている。呼吸によって体をほぐす，腹筋を強化する，短縮している筋肉を伸ばす，腰の運動，等である。これをダンスとして振付すればよいであろう。

### 5. 更年期障害

48〜50歳の女性にみられるもので，女性ホルモンのアンバランスが原因とされてきたが，この年齢層に多いストレスが原因する自律神経失調症の一種であるという説もある。ダンスによって充実した時間をもつことができれば解決の一法になり得るであろう。

### 6. 血　圧

約1時間のレッスンの前と後に最高血圧が30〜40の変動があるようである。高い人は低くなり，低い人は高めの数字を示す。運動療法，心臓の働きを強化する方法として意義があろう。

### 7. 耳　鳴

中耳炎，内耳機能障害によるものは耳科的治療が必要である。これらも合

わせて難治である耳鳴に筆者らが試みた方法に「ヤコブソンの漸進的弛緩法」がある。

　肩，側頭部，後頭部の筋肉の収縮と弛緩とを，約10秒間隔くらいで時々試みることによって局部の血液循環が良くなり，耳鳴音が小さくなったり，消失するのを経験している。外来の耳鳴患者に指導し，体験させて，家庭でも時々実行するように勧めている。

### 8. 極限への挑戦

　次のような生活パターンがある。大きい波風もなく，平穏で気楽，ワンパターンでアクセントのない生活である。これは副交感神経系が優位に傾きすぎ，緊張時に活動する交感神経系の出番が少ない過ごし方である。

　原始時代の人類には動物同様，1日のうちの何時間か，命がけの闘争や，難を避けるための強い緊張の時間があった。それが過ぎると安らぎの時間である。この緊張，弛緩という動物としての本来の生存様式に応じた人間の体の働きは，昔も今もほとんど変わらない。そのため冒頭のようなあまりに平穏すぎて緊張のない生活を続けていると，ひずみが生じて心身症などの原因になることがある。

　近頃は，女性もトライアスロンやヨットでの大洋横断，砂漠のサイクリングによる横断等の冒険をすることが多くなった。この種の冒険への欲求は，われわれの祖先の血がいまだに体のどこかでたぎっていることを示すものであろう。

　われわれ人類の祖先は木の実を探り，齧り，狩猟をして，一応腹が満たされると木や石を叩いての伴奏のもとに男も女も踊り抜いて時を過ごしたであろうと，古代史は説いている。「踊り」と「食糧の調達」。極端にいえば，これらはわれわれの先祖の生活様式の基本といえるかもしれない。

### おわりに

　おわりにダンス療法の実施成績（**表1〜表4**）を掲載する。

参加者450名に対して面接，アンケート，CMI，エゴグラム，理学的検査等によって調査した結果である。

表1　ダンス療法の効果

| 症状または疾患名 | 著　効 | 軽　快 | 不　変 | 計 |
|---|---|---|---|---|
| 首，肩のこり | 20 | 5 |  | 25 |
| 偏頭痛と筋緊張性頭痛 | 12 |  |  | 12 |
| 腰痛 | 5 | 2 | 1 | 8 |
| 神経性の胃腸症状 | 8 | 2 |  | 10 |
| うつ状態 | 7 | 2 |  | 9 |
| 不眠症 | 6 |  |  | 6 |
| アレルギー性鼻炎 | 4 |  |  | 4 |
| 自律神経失調症 | 4 |  |  | 4 |
| 更年期障害 | 4 |  |  | 4 |
| 不安神経症 | 2 |  | 1 | 3 |
| 本態性低血圧 | 2 |  | 1 | 3 |
| 耳鳴 | 2 |  |  | 2 |
| 出勤拒否 | 2 |  |  | 2 |
| 胃炎 | 1 | 1 |  | 2 |
| 過敏性大腸症候群 | 1 |  |  | 1 |
| 胃かいよう | 1 |  |  | 1 |
| 赤面恐怖症 | 1 |  |  | 1 |
| 顔面チック | 1 |  |  | 1 |
| 合　計 | 83 | 12 | 3 | 98 |
|  | (84.6%) | (12.2%) |  |  |

表2　ダンス療法における人間関係の改善

| | |
|---|---|
| 親交が増えた | 8 |
| 誰とでも気軽に話すことができるようになった | 8 |
| 友達が増えた | 6 |
| 話題が広くなった | 3 |
| 外向的になった | 3 |
| 人に気を遣いすぎない | 3 |
| 会合で披露，喜ばれた | 3 |
| 合　計 | 34 |

表3 ダンス療法における性格の改善

| | |
|---|---|
| 明るい性格になった | 15 |
| くよくよすることが少なくなった | 9 |
| いらいらすることが少なくなった | 5 |
| 音楽を楽しむことができるようになった | 3 |
| 仕事が楽しくなった | 2 |
| 気分を変えることがうまくなった | 2 |
| 身体的に活発になった | 2 |
| 人生に喜びや意味を感じるようになった | 2 |
| おしゃれになった，服装のセンスがよくなった | 2 |
| 合　　計 | 42 |

表4 日常生活における変化

| | |
|---|---|
| 老化を防ぐことができる | 3 |
| リズミカルな動きができる | 3 |
| 精神的に活気づく | 3 |
| もの忘れが少なくなった | 3 |
| 家事が能率的になった | 3 |
| 理解力がよくなった | 2 |
| 的確な判断ができるようになった | 1 |
| 顔の表情が豊かになった | 1 |
| 乗り物への乗り降りが機敏になった | 1 |
| 交通事故にあったが軽い怪我ですんだ | 1 |
| 職業上のミス（コンピューター作業）が著しく減った | 1 |
| 合　　計 | 22 |

**参考文献**

1) 梅田忠之（1986）心身症および神経症患者に対するダンス療法の効果　心身医学　25(5):431-438
2) 梅田忠之（1988）ダンスと健康　Health Science　4(3):34-38
3) 梅田忠之（1990）ダンス療法と自己調整法（自律訓練法）　第1回日本臨床スポーツ医学会総会報告集
4) 梅田忠之（1992）ダンス療法について　モダン・クリニカルポイント診療内科　金原出版
5) 梅田忠之（2001）ダンス療法と催眠療法　ふたば書房

# 第5章　思春期の問題行動に対するダンスセラピー

天野　敬子

はじめに

　筆者は，現在公立中学校にさわやか相談員として勤務している。総生徒数600名余り，各学年6クラスの中規模校である。さわやか相談員は，埼玉県が全国に先駆けてはじめた独自の中学校相談員制度である。

## 1. ダンスセラピーとは

　筆者が相談室で実践しているダンスセラピーは，欧米でダンス・ムーブメント・セラピー（以下DMTと表記）と呼ばれているものである。ここで，簡単にDMTとは何かを紹介しておきたい。
　DMTは，アメリカを中心に発展してきた。"ダンスセラピーの母"とか"ダンスセラピーの創始者"と呼ばれているのが，マリアン・チェイス（Chace, M., 1896～1970）である。
　チェイスはアメリカのダンスセラピストたちのリーダー的存在であり，多くのダンスセラピストたちに与えた影響ははかりしれない。1966年には，マリアン・チェイスを会長として73人のメンバーによって，アメリカ・ダンスセラピー協会（ADTA）が設立され，今日に至っている。
　ADTAでは，DMTを以下のように定義している。
　　"Dance/Movement Therapy is the psychotherapeutic use of movement as a process which furthers the emotional, cognitive, social and

physical integration of the individual." [1]（『個人の情緒，思考，社会性，身体の統合を促すために身体動作を精神療法的に活用すること』[2]）

　身体を動かすことによって，自身の感じていることを身体を通して体験し，その体験を通して自己認識を深めていく。そのプロセスにより，個人の成長を促していくことを意味している。

　DMTにおける基本的な技法は，ピックアップとミラーリングである。クライエントの何気ない動きのすべてに感情が伴っていると仮定している。何気ない動きをセラピストがピックアップし，クライエントに返していく。言葉を媒介とする代わりに動きを媒介とするのである。ミラーリングは模倣することであるが，ただムーブメント（動き）を真似るだけではなく動きの質，そこにある感情を一緒に動くことで共感しなくてはならない。身体で共感すること，これがダンスセラピストの一番の基本であり，かなりのトレーニングを要するところである。

　DMTでは，象徴的な動作表現を通して，その意味を明確化していく。セッション中は黙っているのではなく，むしろ，「何をしているのかな」とか「どんなところにいるのかしら」など，言葉にしてイメージを具体化することが，明確化への手助けとなる。

## 2. セッションの構造

### 1. 相談室の構造，運営状況

　相談室の開室時間は，月曜日から金曜日の10時半から16時半までである。学校の中に空き教室をリフォームして作られた相談室があり，生徒は自由に出入りすることができる。相談室内の4分の1は，固定のパティションで仕切られており，面談室となっている。相談に来た場合はこの面談室で聞くので，他の生徒に内容を聞かれることはない。床は絨毯敷きで，上履きをぬいで靴下で入室する。寝転んだり，床の上に座ってくつろぐことができるのである。休み時間には，雑談をしたり，絵を描いたり，トランプをしたりして，気分転換を図りにくる生徒がたくさんいる。1日の相談室利用者数

は20名前後である。

さて，この相談室に，教室に行けない，あるいは，行きたくない不登校の生徒を相談室登校生として受け入れている。不登校は年々増加の一途をたどっており，2000年度の文部科学省の調べでは，年間30日以上欠席している小中学生は13万4千人を突破した。中学生は，クラスに平均1人いることになるが，筆者の勤めている中学校でも，学年によって違いがあるが，そのくらいの数になりそうである。相談室登校生は，10時半過ぎに登校し，給食も相談室で食べ，授業時間が終わると下校する。相談室での過ごし方は自由で，勉強をしたり，本を読んだり，ゲームをしたり，雑談をしたりといった緩やかな居場所としての機能を果たしている。

## 2. 対　象

本稿でのダンスセラピーの対象は，この相談室登校生である。不登校と一口にいっても，一人ひとり不登校に至った過程も今の状態も違う。不登校は，大きく分けると，ひきこもり傾向と否ひきこもり傾向に分かれる。否ひきこもり傾向とは，学校には行かないが，友達と外に遊びに行くことができる生徒である。非行怠学傾向といいかえることもできる。相談室に登校してくる生徒は，ひきこもり傾向の不登校がほとんどである。これを執筆している現在10名の相談室登校生がいる。筆者の家庭訪問や担任のすすめにより，相談室に登校できるようになった生徒もいれば，自らまたは，親と一緒に相談室を訪ねてきた生徒もいる。それぞれの不登校期間も数日間の生徒もいれば，1年以上あるいは小学校からという生徒もいる。毎日，相談室に登校できる生徒もいれば，非常に不規則に登校してくる生徒もいる。

## 3. グループワークの有効性

彼ら彼女らと生活を共にしていて感じることは，対人関係が非常に苦手だということである。不登校にいたる原因の1つには，必ずといっていいほど，教室内の対人関係のトラブルがある。それは，いじめといえるものから，些細なけんかのように思えるもの，新しいクラスで友達が作れなかったという

ことであったり，さまざまではあるが，何らかの対人関係における傷つき体験をしているのである。その結果，相手との距離のとり方が分からなくなったり，関係をもつことを拒否してしまったりする。

　たとえば，同じ2年生の女の子が3人集まれば，普通ならおしゃべりが始まるであろう。好きなまんがの話やタレントの話など，共通の話題はたくさんあるはずである。ところが，相談室に登校してくる子たちは，放っておくとなかなか会話がすすまない。黙って座っているか，相手におかまいなく自分の作業に入ってしまう子もいる。

　彼ら彼女らの対人関係の改善に有効な手段は，何であろうか。家にひきこもっているよりは，相談室に来てくれれば，そこで，筆者との関係，また他の相談室登校生との関係が生まれる。心身ともに疲れきった状態であるときには，家という安心していられる場で休むことも必要である。しかし，家族という限られた人間関係の中だけで長く生活していると，人と会うことに恐怖や苦痛を感じたりするようになる。家から一歩出て，相談室という守られた空間で日常生活を送る中で，少しずつ自分を出せるようになり，人との関係が作れるようになっていく。そういった日常生活がベースにあった上で，個人的なカウンセリングと共に定期的にグループワーク，中でも身体を使ったグループワークを行なうとよいのではないだろうか。人間は言葉を使う。しかし，言葉だけでコミュニケートしているわけではない。言葉をしゃべり始める前の赤ん坊と母親の関係は，ムーブメント（動き）とタッチ（接触）等のボディ・ランゲージである。これらを使うダンスセラピーは言葉で表現することの苦手な不登校生に非常に有効だと思われる。

### 4. セッションを行なうにあたって

　ダンスセラピーを行なうにあたっては，まず安心していられる空間であることである。それは，部屋の構造（広さ，明るさ，人から見られない）などの物理的な問題もあるだろうし，ダンスセラピストがかもし出す雰囲気や印象も大事であろう。信頼関係がなければセラピーは深まらない。

　生徒は，常に教室で先生から良い点や悪い点を指摘され指導を受けたり，

点数等で評価されている。セラピストはそういった評価は一切行なわないということを分かってもらう。セッションの中で表現されたものに対して，良い悪いといった判断はしない。

基本的には相手や自分を傷つけるような危険な行為以外は何をしてもよい。動きたくなければ動かなくてもよいことを保障する。そういった状況に慣れていないため最初はとまどいもあるであろうが，安心できるようになると，しだいに自由に動けるようになっていく。

また，できれば同じメンバーで，定期的に時間を決めて行なわれるのが望ましい。日常とは区切られた非日常の，セラピストによって守られた空間だからこそ，自分を見つめることができ，そこから気づきが生まれていくのだ。セッションで感じたことは，意識下においても無意識下においても，次のセッションまでの間も続いていくものである。それがプロセスである。

5. ダンスセラピストとして相談員として

筆者は，相談員として生徒たちと日々の生活を共にし，セッション中はダンスセラピスト（以下，DThと表記）となる。週1回ダンスセラピーの時間だけ，接しているわけではない。ただ，セッション中も相談室を運営しているときも，筆者の心がけていることは共通している。それは，この空間が生徒にとって安心していられる場となることである。「ありのままのあなたでOKだよ」というメッセージを常に発しているつもりである。

## 3. 実践報告

X年に行なった実践を紹介したい。

対象は，中学3年生のA子とB子の2人。2人のこれまでの経緯を紹介しよう。

**A子**：小学校のときから不登校気味。中学入学後，ゴールデンウィーク明けより不登校となる。筆者との関わりは，中学2年生からである。1学期は不規則な相談室登校。2学期には，いったん教室に行くようになるが，しだ

いに休むことが多くなる。倫理観が強く，クラスメートのいい加減な言動に対し，許せないという思いが強い。しかし，自分で注意することもできずジレンマに陥る。几帳面な性格である。相談室内において，他の生徒に細やかな気配りができる。

　B子：中学2年の1学期の終わりから不登校となる。友達関係がうまくいかず，クラスでの居心地が悪くなったのがきっかけである。2学期より相談室登校を開始。クラスメートが誘いに来てくれると，給食を教室で食べることもできる。少しずつ自分の好きな教科の授業には参加できるようになっていく。常に受身の姿勢で，自分から仲間に入っていくことが苦手である。友達の中で自分の気持ちをうまく表現することができない。高校生の姉には何でも話ができるようである。

　3年生になって，2人とも新しいクラスでがんばっていたのだが，A子は5月の修学旅行後，B子は6月の陸上競技大会後，再び登校できなくなり，家にひきこもってしまう。そこで，6月の下旬に，2人に電話をして相談室に来てもらい，それぞれカウンセリングの後，DMTを試みる。そして，週1回セッションをやってみないかと誘うと，2人とも承知してくれたのである。目標は，グループ体験を通して，他者への信頼感を築くと共に，自己肯定感を高めることである。

　毎週水曜日の放課後，相談室の閉室後に行なうことに決定する。この時間帯ならば他の生徒が入ってくることがない。セッションの時間は前後のシェアリングを含めて1時間。セッション後のシェアリングは，その日のセッションで印象に残ったことや感じたことを話してもらうので，大事にしたい。

　音楽は，常に使用した。音楽，特にリズムがあった方が動きやすいからである。しかし，場合によっては音楽を用いないことがあってもよい。表1に使用したCDのリストを示す。

　A子もB子も教室では自分らしさを出せない生徒である。セッションの中では，躊躇やためらいなく自分の思いのままに動いて自己表現できるようになってもらいたいと思った。

　ポイントとなったいくつかのセッションの内容を振り返ってみたい。

表1　使用した主なCDリスト

| ＜スローテンポ＞ | ＜アップテンポ＞ |
|---|---|
| "水の音楽"　　神山純一 | "アフリカン・コーリング"　　DEEP FOREST |
| "海流の音楽"　　神山純一 | "MONDO beat"　　NARADA |
| "water mark"　　ENYA | "two against nature"　　Steely Dan |
| "Fragrance"　　WONG WING TSAN | "PHENOMENON"　　John Travolta |
| | "HONKY　CHATEAU"　ELTON JOHN |
| | "生誕"　　AUGUSTUS PABLO |

(1) 10月18日（15回目）

【ウォーミングアップ】

各自のペースで，首，肩，足首と徐々に身体をほぐしていく。

【展　開】

曲を変えている間に，A子が壁にへばりついている。DTh〈どうしたの？〉。A子「こうしていると安心するの」。DThも壁にへばりつく。B子もそれにつづく。B子とDThが「あんまりこんなことしたことないよね」と言うと，A子「私もない」（皆，笑う）。しばらく壁の感触を楽しんだ後，A子「ほふく前進だ」と言うので，DThは〈ほふく前進？〉と言いながら，ほふく前進の真似をして腹ばいになる。A子とB子もつづく。床に寝転んだ状態で雑談。A子「小人になりたい」。B子「いいかもしれない」。DTh〈ここから見てるのって小人の視点かなあ〉。なかなか雑談が終わらず，動きに結びついていかない。しかし，3人で腹ばいになって話をするというのは，リラックスできて，皆でその雰囲気を味わっているように思った。

すると，A子から「いつまで，こうしているの。そろそろ4つ足になろうよ」という発言。ここで，魚から進化して哺乳動物になる話にまた花が咲く。DTh〈さあ，何の動物になる？〉。A子「かえる」。DTh〈ライオン〉。B子「チーター」。ここで，DThはどういうわけかチーターをチンパンジーと勘違いし，〈チーターは2足歩行だよね〉と言って大爆笑となる。いつのまにか，かえるのA子をB子とDThがねらって追いかける形になる。A子「いやだあ，私，ホワイトタイガーになる」。3人とも強い動物になり，

四つんばいでうろうろする。2人ずつでじゃれあったり，うなったりしているうちに，3人が集まり，前足のつもりで，片手や両手でじゃれあう。3人とも夢中。笑い声が響く。このとき，B子もとても無邪気に楽しそうだった。DThも一緒に楽しめた。皆，子猫になったようだった。

　A子「そろそろ2足歩行に」と言って立ち上がる。DThは壁にへばりつく。DTh〈やもり〉。3人ともばらばらの壁にへばりつく。A子が壁をたたいて，音が違うと言い出す。3人で曲に合わせてリズムをとる。壁が楽器のようになり，相談室にリズムが響く。3人の調和が心地よい。曲が変わったところで，サークルに戻る。開いた手を前におく動き。A子の動きは少し弱くなっていく。心細げな感じ。B子の動きからは力強い意思が感じられる。

　しだいに，飛行機のように左右の腕を回す動きに変化。2人が開放感を求めているように感じ，DThが〈このまま飛んでいこうか〉と言うと2人とも円を離れて走り出す。低空飛行したり，回転したり。B子のあとについて隊列を組む。次にA子の後について，隊列を組む。A子「不時着〜」と言いながら，ゆっくりしゃがむ。

【クロージング】
　その場に座って，静かに，今日のセッションを思い出しながら揺れる。深呼吸。

【考　察】
　30回行なったセッションのちょうど真ん中にあたるセッションである。壁や床を使った印象深いセッションとなった。自己防衛傾向の強いA子とB子がやっと心からリラックスできたセッションだったと思う。A子が壁にへばりついたときに，DThも壁にへばりついてみた。身体全体に壁の感触が広がった。しっかりと支えてくれる安心感のあるものであった。A子が壁にへばりつくという行動ができたこと。それをDThが受け入れたことによって，このセッションは，皆で退行して無邪気に楽しめる展開になったのではないか。この頃になるとDThにも余裕ができ，2人から自発的な動きが出てくるのを待てるようになってきた。

第5章　思春期の問題行動に対するダンスセラピー　85

(2) 1月10日（23回目）
【ウォーミングアップ】
　手が冷たいというB子の手をA子とDThでマッサージ。交代でマッサージのし合いとなる。B子の手は氷のように冷たく，A子の手は，しもやけで痛々しい。A子「みんな，手の色が違うね」。3人で比べ合う。一人ひとり違っていていいんだということを，自然に認識できるようになってきたと思う。手や足をぶらぶらさせる。ふくらはぎのストレッチ。
　はねつきの真似が始まる。いろいろなつき方で。しだいにバレーボールに変化。ジャンプしてアタックなど激しい動きへ。A子がくるりと回ると，B子も違う回り方で返したり，お互いに動きでコミュニケート。

【展　開】
　手をリズムに合わせて，左右に動かす。→手首のスナップを使ってウエーブを描くような動きへ。→手を下に落とした反動でひじを曲げて止める。→両手で8の字を描くように。→しだいに大きく背泳のような動き。DTh〈何かを振り払っているのかしら〉。A子B子「テスト〜」。→足もステップを踏む。→酔っ払いの千鳥足に変化。おみやげを持って家に帰ってくるおやじの真似。受験を前にやけくそになってしまいたい2人の心情があらわされているように思った。身体をねじる動き。→足も動き出す。踏む足に力が入っていく。→2人の力の入れ方が違っている。DTh〈どこに力を感じるか〉。B子「かかと」。→皆でかかとで打ち付けてみる。→A子「私はつま先」。→皆で，つま先で打ち付けてみる。自分の重さを感じるように指示。B子がつま先で小走りを始める。「昔こんなのあったよね」と言う。小さい輪を回るのだそうだ。DTh〈じゃ，やってみよう。できるだけ小さく〜〉。3人でぐるぐる回る（笑）。

【クロージング】
　スローな曲に合わせてゆっくり歩く。A子「抜き足，差し足，千鳥足〜」。B子「忍び足だよ」（笑）。DTh〈じゃ，さっきと反対で体重を感じさせないようにそーっと足をおいていこう。うすい氷の上を歩いていると思って〉。3人で慎重に歩く。手の平を合わせて円になる。手が波のように静かに揺れ

る。やがてその手が上にあがってとまる。A子「UFOを呼んでいるみたい」。皆で上を見上げる。手が降りてくると，交互に誰かに向かってつないだ手を伸ばしていく動き。自分のところに2人の手が伸びてくると，こそばいような不思議な感覚がする。伸ばすときに「ほ〜っ」というかけ声が出るようになる。

【シェアリング】
　2人とも，最後の「ほ〜っ」のところが印象的でおもしろかったと言う。A子「原始的な祈りのような感じ」。B子「昔の石でできた真ん中に穴のあいた大きなお金を転がしていくようなイメージだった」。

【考　察】
　クロージングが印象的なセッションであった。特に「ほ〜っ」のところは3人で生み出されたクリエイティブな動きであった。誰かがリードしているとか誰かにゆだねているのではなく，DThも含めて3人が対等に響きあった瞬間であった。UFOなのか神なのか受験を控えて何かに救いを求めたい気持ちのあらわれかもしれない。お互いにサポートできるグループに発展してきたように思う。


(3) 2月21日（28回目）
　セッションを始める前に，B子が「『期末テストのときに，劇団（B子は劇団員である）のホールを仲間と一緒に予約に行きたい』と両親に話したところ，反対されてしまった」と言う。反対されるとは思っていなかったこと，両親の言っていることは正論だが自分にとっては期末テストを受けるより大事であることなどが話される。「無断で行ってしまおうかとも思う」とB子が言うと，「それはまずいんじゃないの」とA子。〈まだ時間があるから，あなたの気持ちをうまく伝えて，両親ともう一度交渉した方がいいね〉とDTh。B子の頭の中は，両親に対する不満とどうやって説得するかでいっぱいのようである。
　私立高校に単願で合格してほっとしているB子とは違い，A子は本命の公立高校受験が6日後にせまっている。A子の胸中を察しながら，今の心

境を聞く。明るく「秒きざみですよ」と答えるA子。

　ホワイトボードの予定表を見ながら，A子の受験日。そして，あと2回で終結を迎えるこのセッションの予定を確認する。A子からは，受験が終われば，教室に行くつもりだという返事。2人とも卒業式には参加するつもりである。

【ウォーミングアップ】
　〈今日はどんな音楽がいいですか？〉とたずねると，A子から，「ロックンロール」という返事。そこで，軽快なスティーリー・ダン（Steely Dan，**表1**参照）の曲を選んでかける。その後，A子，B子ともにぴょんぴょん飛び跳ねる動き。心身ともに躍動感あふれる様子。

【展　開】
　左右に揺れる動きから腕を8の字に回しながら，足も一緒に動いていく。腕を前に突き出すような形になり，B子から「どじょうすくいだ」という発言。リズミカルな動きとなる。
　やがて手の動きが柔らかく，下から上へ駆け上るような動きになる。B子がライオンキングだと言い，ホワイトボードを使って披露してくれる。
　皆で歌いながら南京玉すだれの真似。南京玉すだれの話に花が咲く。
　手を交互に前でトントンとたたくような動きになる。DTh〈何してるんだろう？〉。B子「もぐらたたき」。皆でもぐらたたきの真似をする。DTh〈もぐらの他にたたきたいものある？〉。B子「K先生」。B子は担任のK先生が嫌いで避けている。A子は，M先生の特徴あるひたいをたたきたいと言う。お互いにその先生の特徴を演じあって，大爆笑。そのイメージでたたく。2人とも嫌なものもユーモアをもってとらえる余裕ができてきたようである。
　静寂。再び身体をねじる動きに戻り，A子は少し疲れた表情で，いやいやをするように身体をねじる。しだいに腕が大きく動き，風をおこすような動きになる。たつまきのようにぐるぐる回りながら移動する。開放感。しだいに動きが収束。
　その後，重心を左右にゆっくり移動させ，最後に脱力する動きになる。そ

して，また持ち直す。起き上がりこぼしのようだ。アンビバレントな2人の心を象徴しているような動きに思った。DTh〈どんな気持ち？〉。A子「B子の両親への気持ちだ」。A子，B子「説得したいんだけど……できない」。B子「行ったら……怒られる」「どうしたら……いいんだろう」。身体の動きに合わせてリズムにのった言葉が出てくる。A子「がんばってるけど……落ちる」。あわてて〈落ちない落ちない〉とひきとめる。しばらく左右の揺れが続く。2人ともそれぞれの思いをめぐらせているようだ。

【クロージング】

腕を伸ばしてロボットのように左右にかしげる動きになる。動きが少しずつゆるやかになって終わる。

【シェアリング】

B子の「説得したいんだけどできない」という気持ちを振り返る。普段は自分に無関心な父親がもっともらしいことを言うのに腹が立つという。

A子は不安な気持ちを吹き飛ばすように「絶好調だ」と言う。ペースをくずさずにここまでやってこられたA子をたたえる。

【考　察】

雑談や《どじょうすくい》《南京玉すだれ》といった遊び感覚の動きが多かった。2人の抵抗のあらわれか。動きが出てはひっこめられ，ジェスチャー以上に発展しない。自発的に出てきた動きはできるだけ取り上げるようにしてきたので，何をしても否定されることはないという安心感や信頼感はあるのだが，ひとつの動きを深め，明確化していく介入ができていない。最後の左右への脱力が，気持ちと動きがぴったりきており，さらにそれを言葉にすることができたので良かったと思う。

おわりに

始めるときには，回数を決めていたわけではなく，結果として30回にわたってセッションを続けることができた。1〜5回は，開始期で，とまどいがありお互いに探りあいながら動いているようであった。特に最初の2，3

回は DTh が積極的にリードし，動きやすいように心がけた。6～11 回が転換期となった。6 回目と 7 回目のセッションで B 子が休んでしまい，A 子の個人セッションとなった後，今度は，9 回目と 10 回目のセッションを A 子が休み，B 子の個人セッションとなった。奇しくも 2 回ずつ 8 回目をはさんでおり，この個人セッションを経て，2 人と DTh との信頼感が高まり，それがしだいにグループの凝集性へと発展していった。12～26 回はグループの発展期である。受験という現実の問題に直面し，乗り越えていく時期と重なっている。ポイントとなった 15 回目のセッションでやっとのびのびと自己表現できるグループになってきている。この頃には相談室内においても 2 人の親密度は増していく。23 回目のセッションでは動きと共に豊かなイメージが広がるようになってきた。22 回目や 24 回目には象徴的な夢の話がシェアリングで語れるようになっていく。27～30 回は終結期である。最後のセッションが終わったあと喪失感に陥ることがないよう丁寧に，終わることの寂しさを分かち合った。不眠症の A 子は，しばしばシェアリングでダンスセラピーをした日はよく眠れると言っていた。B 子は他の曜日は休んでも，水曜日は必ず相談室に登校した。A 子も最後のシェアリングで，振り返ってみると水曜日を中心に考えて一週間を過ごしていたと発言。このセッションを楽しみにして学校に来てくれたことをうれしく思う。その後，2 人とも元気に高校生活を送っていることを付け加えておく。

　不登校になりひきこもるということは，他者との関係を断って 1 人になることを望んでいるということである。これ以上傷つきたくないという自己防衛の行動化ともいえる。不安耐性が低い，対人緊張が高いなどの共通した特徴をもち，学校（教室）という場に不適応をおこしている。しかし，時が経つと，再び人と関わることを求め始める。この時に，回復への手立てとして DMT は有効に働く。人とのコミュニケーションが苦手で言葉でのグループワークには緊張度が高くなってしまう不登校生にとって，DMT という動きを媒介としたセラピーを行なうことによって，無理のない形で他者との関係を広げ，修復していくことができる。身体を通して感じることが回復への近道だと考える。最後に全セッションの実践記録を**表 2**に示す。

表2 実践記録

| 回数 | 日時 | テーマ | 備考 |
|---|---|---|---|
| 1 | 6月21日<br>15:30～16:30<br>A子B子 | 出会いの喜びととまどい | 2人とも動きを楽しんでいる様子。 |
| 2 | 6月28日<br>16:30～17:30<br>A子B子 | 一人ひとり違っていいんだ | 地団駄を踏む動きには，幼な子のようにいやいやをする気持ちが出ていた。マイナスの感情もここでは思いっきり出していいんだと思ってくれたようだ。 |
| 3 | 7月5日<br>16:30～17:30<br>A子B子 | もうすぐ夏休み | 酔っ払い気分で歩く動きのときに，2人共，自分を開放しているのを感じた。お互いの信頼感が作られつつあるようだ。 |
| 4 | 7月12日<br>16:30～17:30<br>A子B子 | 全身を使って動く | 泳ぎなどの具体的なイメージがあると次々と動きが出てくる。投げる動きでは，全身を使って動けた。A子の動きはいつもとまどいがあるようで，思い切って動けていない。 |
| 5 | 7月27日<br>15:00～16:00<br>A子B子 | OPEN &<br>CLOSE | A子「小さくなったり，大きくなったりしたのが印象的。大きくなるとき気持ち良かった」B子「足で押されたとき，ぎゅうっと胸がしめつけられるようないやな感じがした」B子の対人関係を連想させる感想だ。 |
| 6 | 8月7日<br>14:30～15:30<br>A子 | 2人のコミュニケーション | B子は調子が悪くてお休み。A子だけの個人セッションとなった。1人だと抵抗があるかなと心配しつつ始めたが，しだいに動きが活発になりテンポよく展開していった。A子も「B子がいなくてもいつもと同じようにリラックスしてできた」と満足そうな表情だった。 |
| 7 | 8月17日<br>14:30～15:30<br>A子 | 身体の重みを感じる | 今日もB子は休み。自分でお弁当までつくったのに気分が悪くなってしまったとのこと。学校に来ることへの抵抗か。A子もお弁当を食べた後，胃がむかむかすると言い出した。終わった後も，まだ少し調子が悪いが，ストレッチが多くて気持ち良かった。DThが上にのったとき，「死体ってこんなに重いのかなあ」と考えていたとのこと。 |

第5章　思春期の問題行動に対するダンスセラピー　91

| 回数 | 日時 | テーマ | 備考 |
|---|---|---|---|
| 8 | 8月28日<br>14:00～15:00<br>A子B子 | イメージを大切に | 久しぶりにB子が参加してくれて、A子もDThもうれしかった。2学期の始業式に、B子は「行ければ行く」という曖昧な返事。A子は「行きます」と自分をはげますようにきっぱり言った。セッション中もB子の表情・動きともに硬かった。シェアリングでA子が「皆の手が温かかった」というと、B子もうなづいて「少し楽になった」。 |
| 9 | 9月6日<br>16:30～17:30<br>B子 | 2人のコミュニケーション | A子もB子も朝から学校に来ていたのだが、A子は気分が悪いと言って2時頃帰ってしまう。B子は1人でのセッションをいやがることもなく、自分のペースで取り組んでくれた。シェアリングで「足先でのやりとりがおもしろかった」という感想。 |
| 10 | 9月13日<br>16:30～17:30<br>B子 | 自由に動く | A子は先週以来、腸炎となり不調。月曜日の卒業アルバム用の個人写真だけは撮りに来た。B子は音楽の授業だけ、教室で受けている。音楽は好きな科目であり、音楽の先生にも馴染んでいる。クラスメートが誘いに来てくれるとうれしそうに行く。常に受身で誰かに声をかけてもらえれば行くことができるのだ。自分から相手への働きかけがもう少しできるようになるといいと思う。 |
| 11 | 9月20日<br>16:30～17:30<br>A子B子<br>C子D子 | 突然の参加者によるとまどい | 9月から相談室登校生が2名増えた。そのうちの1人C子は中2の10月から完全不登校だった。この日教室に登校している親友のD子が来るのを相談室で待っていたが、4時半になってしまい、A子とB子の了承を得てC子にも参加してもらうことにした。途中でD子がやってくることも予想されていた。皆それぞれにとまどいがあったようだが、いつもと違う刺激になったように思う。 |
| 12 | 9月27日<br>16:30～17:30<br>A子B子 | 何をしてもいいんだ | はじめに先週、いつものメンバーではなかったことを振り返った。A子「新鮮な感じがした」B子「落ち着かなかったし、恥ずかしい気がしたけど、たくさんいる方が楽しかった」この日は、A子は動きながらもよくしゃべった。そしてどこかいらいらしているようだった。 |

| 回数 | 日時 | テーマ | 備考 |
|---|---|---|---|
| 13 | 10月4日<br>16:30～17:30<br>A子B子 | テストなんて大嫌い | 明日の中間テストについてどう思っているのかを尋ねる。2人とも死ぬほどいやだと言う。A子「成績が決められるのがいや。先生たちはテストの成績だけで人をみる。もっと人間の中身をみてほしい」B子「テストの点数で先生をはじめ周りのみる目がかわるのがいや」今日は形の定まらないアナーキーな動きが多かったが、彼女たちの感じている息苦しさだったのではないか。 |
| 14 | 10月11日<br>16:30～17:30<br>A子B子 | どうしようもないことも、あるもんだ | すっきりしたというB子とは対照的にA子は「おなかの中に石がたまったよう」と言う。〈何か心配なことがあるの？〉と尋ねても「よく分からない」という返事。暗い穴の中に入り込んでしまったような感じのA子だった。 |
| 15 | 10月18日<br>16:30～17:30<br>A子B子 | 壁や床を使って | 今日は、終始A子がリーダーとして皆を引っ張っていった。A子のエネルギーが感じられた。壁を使ったり、床を使ったりと動きにもバラエティがあり、創造力あふれるセッションとなった。3人の親密度が増し、2人とものびのびとセッションを楽しむようになってきた。 |
| 16 | 11月1日<br>16:30～17:30<br>A子B子 | 闇鍋 | 先週はB子から「胃が痛いので休みます」という連絡が入った。それをきいたA子は「私もお腹が痛いのに無理して来たのに～」と不満そう。放課後、「今日は帰らせてください」ということで、お休みとなった。今日は2人とも元気そうだった。先週なかったので、久しぶりの感じがしたとのこと。 |
| 17 | 11月8日<br>16:30～17:30<br>A子B子 | 一番ほしいもの | 高校受験のことで頭がいっぱいの2人。この頃は教室に行くことをまったく考えてない。A子はほぼ毎日、B子は月曜日と水曜日に相談室にやってくる。精神的には安定しているようだ。自分で選択していることなので、DThも教室復帰を望まなくなった。クラスメートに会うことは2人とも平気である。 |

第5章　思春期の問題行動に対するダンスセラピー

| 回数 | 日時 | テーマ | 備考 |
|---|---|---|---|
| 18 | 11月15日<br>15:00〜<br>16:00<br>A子B子 | いらないものは捨ててしまおう | シェアリングのとき，B子「いらないものを捨てたとき，もやもやしていたものが出て行って，すっきりした」。2人とも具体的には何を捨てたか分からないが，すっきりしたようだ。全体に凝集性が高く，充実感のあるセッションとなった。 |
| 19 | 11月22日<br>16:30〜17:30<br>A子B子 | 気分はメリーゴーランド | メリーゴーランドのイメージを2人とも気に入っていたようで，空想の世界で遊ぶことができた。緑や赤や金色といった色のイメージもたくさん出された。 |
| 20 | 12月6日<br>16:30〜17:30<br>A子B子 | 皆で分かち合う | B子も自分らしさを出せるようになってきた。何かというと食べ物にイメージがいくのがB子である。給食にもこだわりが強い。A子がB子とDThに握っていたものを分かち合ってくれたことがうれしかった。 |
| 21 | 12月13日<br>16:15〜17:15<br>A子B子 | 相手への信頼感 | A子とB子は，この頃とても親交を深めており，それがセッションにもあらわれていると思う。お互いの手を比べ，お互いが違っていることを自然にとらえていた。A子がDThの手を躊躇なく触ってきたことに驚いた。A子が自分から接触してくることはこれまでなかったからである。B子の河童にまつわる話もユーモアいっぱい。2人とも自分を遠慮せず表現できるようになってきた。 |
| 22 | 12月20日<br>14:00〜15:00<br>A子B子 | 受験に対する不安 | 2人とも志望校に合格するために，勉強に熱心に取り組んでいる。合格できるかどうか不安でいっぱいの様子。不安な気持ちを共有するように心がける。 |
| 23 | 1月10日<br>13:00〜14:00<br>A子B子 | イメージをもって動く | シェアリングで「ほ〜っ」のところが印象的という感想。DTh自身も自分のところに2人の手が伸びてくると，こそばいような不思議な感覚がした。A子「原始的な祈りのような感じ」B子「昔の石でできた真ん中に穴のあいた大きなお金を転がしていくようなイメージだった」。 |

| 回数 | 日時 | テーマ | 備考 |
|---|---|---|---|
| 24 | 1月24日<br>16:30～17:30<br>A子B子 | 言葉でしゃべりたいこと | 繰り返し見る夢の話になる。A子の夢：クレヨンで一筆書きのように絵が展開していく。チャップリンの映画のような早回しで無声。クレヨンの色はカラフルで，母と客のやりとりをしている口の動きなどが出てきてとても怖い。B子の夢：昔住んでいた家のふすまの穴をのぞくと，母子が歩いている。風船がひとつ握られていて，それを放すと，暗い岩のような空にあたって壊れる。 |
| 25 | 1月31日<br>16:30～17:30<br>A子B子 | 怒りを発散する | 放課後，願書の清書をして職員室から戻ってきたA子は，担任が，かわいていないのに消すから汚れてしまったと怒りながら入ってくる。B子も，担任に私学をすべったときのためにと公立の願書を渡されたとご立腹。私学受験まであと10日。安定した気持ちで過ごしてくれることを願う。 |
| 26 | 2月7日<br>16:30～17:30<br>A子B子 | 姿，形へのこだわり | 受験まであと数日にせまり，落ち着かない2人である。A子は生理痛のため昨日は休んでいる。もうすぐ，試験だという実感がもてない。早く終わってほしいとのこと。3人で手を合わせて「エイ，エイ，オー！」と叫んで終わりにする。 |
| 27 | 2月14日<br>16:30～17:30<br>A子B子 | 終結に向けての心の準備 | 私立高校に合格し，うれしそうな2人。3月になると3年生は給食のある日が少なく，セッションをするのがむずかしくなることを伝える。これまでのことを少し振り返る。もうすぐ終結を迎えるということを意識したことによって，寂しさとともにお互いを大事に思う気持ちが高まり，非常に凝集性の高いセッションとなった。 |
| 28 | 2月21日<br>16:30～17:30<br>A子B子 | 壁にぶつかったとき | セッション前にB子が「期末テストのときに劇団のホールの予約に行きたい」と両親に話したところ，反対されてしまったという。B子はそれほど強固に反対されるとは思っていなかったようで，「両親の言っていることは正論だが……」と不満でいっぱいである。A子は，公立高校のテストを控えて，緊張気味である。少しでも気持ちを和らげることができていたらいいのだが……。 |

| 回数 | 日時 | テーマ | 備考 |
|---|---|---|---|
| 29 | 3月1日<br>14:00～15:00<br>A子B子 | 他者への信頼感 | シェアリングで，A子「教室に行くと休み時間に話をする友達がいないのでいやだ」。B子「両親を説得できなかったことについて自分の中で整理がついた」。これまでのセッションをふりかえって，A子「水曜日はダンスセラピーということで，日常生活にはまっていた」。B子「やったあとはやる前よりすっきりすることが多かった」。DTh〈3人でこのグループを育ててきた。他のところでもその力を使ってほしい〉。 |
| 30 | 3月14日<br>16:30～17:30<br>A子B子 | いらないものは捨てて，旅立ち | B子は，10日ぶりの登校。球技大会で何かあったらしい。A子は先週，今週と毎日教室に登校。授業が3時間だけなので我慢できるとのこと。セッション前のカウンセリングで高校生活についての不安なことをあげてもらい対策を練る。A子「今日で最後なんて信じられない。ダンスセラピーのある日はいつもよく眠れた」。B子「今日が一番すっきりした。いらないものを捨てて軽くなった気がする」。 |

**引用・参考文献**

1) アメリカ・ダンス・セラピー協会ウェブサイト：URL http://www.adta.org/
2) 神宮京子（2003）シンポジウム「これからのダンスセラピストのために」 日本ダンスセラピー協会第12回岡山大会
3) シューブ，T. 著／平井タカネ・川岸恵子・三井悦子共訳（2000）からだの声を聞いてごらん─ダンスセラピーへの招待 小学館スクウェア
4) レフコ，H. 著／川岸恵子 他訳（1994）ダンスセラピー─グループセッションのダイナミクス 創元社
5) チョドロウ，J. 著／川岸恵子 他訳（1997）ダンスセラピーと深層心理─動きとイメージの交感 不昧堂出版
6) 近藤喬一・鈴木純一編（1999）集団精神療法ハンドブック 金剛出版
7) 霜山徳爾監修・鍋田恭孝編（2000）心理療法を学ぶ─基礎理論から臨床まで 有斐閣

# 第6章　心身障害児に対するダンスセラピー

崎山ゆかり

## はじめに——ダンスセラピーにおけるダンスについて

　ダンスセラピーにおけるダンスは多岐にわたり，さまざまな動きが用いられている。しかしそれは，クラシックバレエやフォークダンスなど，特定のダンスがもつ動きに限定されるものではない。ダンスセラピーのセッションに参加する対象者の身体的能力に応じたからだの動きそのものが，ダンスとしてまたダンス・ムーブメントとして受け止められる。したがって，車椅子の使用者ならその車椅子に乗ったからだで，身体に麻痺を有する者なら，その麻痺のあるからだから生み出される動きがダンスセラピーにおけるダンスなのである。
　つまり，ダンスセラピーにおけるダンスとは，特定のダンスのイメージに縛られることのない，セッションにおいてまさに心が躍る自由な動きを意味するのである。セッションには，さまざまな障害をもつ老若男女が参加する。まずダンスセラピーにおけるこのようなダンスのとらえ方をふまえ，本章では心身障害児，特に重複障害児を対象としたダンスセラピーについて述べていくことにする。

## 1. 実践例——奈良県立筒井寮におけるダンスセラピーの活動

### 1. 筒井寮の紹介

　奈良県立筒井寮は，視覚・聴覚障害児の児童福祉施設である。学齢期の児

童が，近接する盲学校や，ろう学校などに通学しながら，障害の程度と心身の発達に応じ，独立自活に必要な指導や援助を受けている。特に視覚または聴覚の障害以外に知的障害や肢体不自由などの障害を併せもつ重複障害児については，医療や教育機関と連携を取りながら，個別指導や訓練を行なっている。

## 2．ダンスセラピー導入の経緯

筒井寮の入所児童は各種の高校を卒業すると原則として退所となり，成人施設へ入所することが多い。しかし実際には受け入れ施設への入所を待機する場合があり，満20歳を迎えるまでは待機児童として，筒井寮に残ることがある。これらの児童への療育プログラムを試行錯誤する中，筆者が担当する奈良県心身障害者リハビリテーションセンターでのダンスセラピープログラムをきっかけに，筒井寮の児童への適応が検討され，2000年6月より月1回の予定で試行的に導入することとなった。この試みは待機児童が不在となる2001年10月まで継続した。

## 3．セッションの参加者について

2000年6月より2001年10月までの間，待機児童のべ7名が継続参加した。全員が最重度の知的障害を有し，視覚または聴覚障害を併せもっているが，その他麻痺などの身体面での障害はない。実施検査は異なるが，入所中に実施した発達検査における社会生活年齢は，0歳9カ月～3歳1カ月である。全員が障害者手帳1種1級または2級，療育手帳Aを取得している。個々の参加者の特徴は以下のとおりである。

1）Aさん：聴覚障害

理解能力が高く自己主張が強い。手話で会話可能。セッションでは常に拒否的で動きの輪に入らない。

2）Bくん：視覚障害

ロッキングなどの常同行為があるが，セッションでは穏やかに過ごす。発語は乏しく，音声リズムが不規則であるが言語的理解は一部可能。

3) Cさん：ダウン症候群，視覚障害

　人なつっこいが，その一方で感情の起伏が目立つところがある。リズミカルな動きを好む。発語は困難だが言語的理解は一部可能。

4) Dさん：視覚障害

　大人しい性格で積極的に人とかかわろうとしないが，拒否的ではない。リズミカルな動きを特に好み，積極的に自ら進んでからだを動かして楽しめる。発語は困難だが言語的理解は一部可能。

5) Eくん：聴覚障害，視覚障害

　激しい常同行為による，こぶや皮膚のただれがある。自傷に近い接触刺激に執着している。発語および言語的理解は困難。抗てんかん剤を服用。

6) Fさん：視覚障害

　穏和な性格で大人しく恐がりである。緊張が強いが，喜怒哀楽は表現できる。発語も比較的しっかりしており，言語での意志疎通は可能。

7) Gくん：視覚障害

　健聴ながら聴覚刺激への反応がほとんどなく，口唇刺激への常同行為が多い。発語および言語的理解は困難。抗てんかん剤服用。

　この7名が20歳を迎える以前に成人施設に入所するまでの期間，グループセッションを実施した。


### 4. セッションの構成

　1回60分のセッションは，以下の4つのパートに分かれて構成している。

導　　入：音楽をかけながらストレッチをしたり，自分のからだをなでたり叩いたりマッサージする。

展開1：向き合ったり，背中合わせになったり，手をつないだり誰かと一緒にストレッチ。誰かと一緒に歩く，揺れるなど拍節的リズムのある動きをする。

展開2：道具を用いて別の動きを体験する。誰かと一緒に別の道具を用いた動きを体験する。

終　　結：寝ころんでリラックス。全員で円になって手をつないでバンザイ。

表1　奈良県立筒井寮におけるダンスセラピーのセッション構成とその目的

| 構　成 | 目　的 |
|---|---|
| 導　入 | からだの覚醒　⇒　からだへの気づき<br>自分のからだから他者のからだへの気づきの発展 |
| 展開1 | からだの活性化　⇒　運動快の体感<br>ひとりでのリズム体験から他者と共有するリズム体験 |
| 展開2 | からだの活性化　⇒　運動質の拡大<br>道具の使用による動きの拡大から他者と共有する動きの体験 |
| 終　結 | からだの沈静化　⇒　からだへの新たな気づき<br>活性化された後のほぐされたからだの実感 |

これらの各パートの目的は表1のとおりである。自己のからだへの気づきから，リズミカルな動きによる身体の活性化をふまえ，自分自身のからだをほぐす。またこのような動きを，対人交流を促すために，他者と共に体験するような形式をできるだけ用いている。

これら4つの構成をふまえながら，毎回参加者の反応や状況に合わせて，実際のプログラムが行なわれる。

## 5. セッションの実際——参加者の反応を中心に

ここでは前述のセッション構成をふまえ，典型的なセッションの流れを事実に即して記載し，重複障害を有する心身障害児のダンスセラピーにおけるグループセッションの実際を報告する。

(1) 導　入
　——入　室

生活指導員の指示で自主的にセッションの場であるリズム室に移動する者，手を引かれながら移動する者，半ば強制的に引きずられながら移動する者がいる。入室後はセラピストの指示で座位になって他の参加者が揃うのを待つ。
　——のびの動き

ゆったりとした音楽を流し，〈バンザイをしてみよう〉と声をかけながら，動きでも示す。可動域の少ない参加者には，セラピスト自らが手を取り共に

バンザイをする。コセラピスト（セッションに協力し，共に参加する筒井寮の保育士，生活指導員たち）もそれぞれに近くにいる参加者と対面したり，横に立つ位置で共にバンザイをする。
　——ゆれの動き
　〈今度はあしを開いてぎっこん，ばったんしてみよう〉と声をかけ，動きを重ねていく。腕を伸ばしてバンザイの動きと共に，左右にゆっくり揺れるやじろべえのような動きを重ねていく。

(2) 展開1
　——空間移動
　導入部からのバンザイの動きと揺れる動きを重ねつつ，揺れながら立ち位置をずらして少しずつ空間移動をする。〈今度は動きながらゆれてみよう〉と声をかけ，揺れる動きと空間移動を重ねていく。移動が困難な参加者にはコセラピストが声をかけ，一緒に動くように促す。
　——リズミカルな動き
　軽快な音楽に変え，〈お部屋の中を自由に動いてみよう〉と声をかける。少しずつ移動したり，その場でからだをリズムに乗せて動かしたり，音を無視して座り込むなど，参加者のさまざまな動きを引き出していく。
　——他者とかかわりをもつ動き
　〈誰かと一緒に動いてみよう〉と，近くにいる参加者に声をかけ手をつないで一緒に動く。コセラピストもそれぞれにひとりで動いているまたは動いていない参加者のそばに行き，手を取って動きを促す。〈できるだけみんなと手をつないで動いてみよう〉と，かかわりの輪をひろげていく。
　——休　憩
　〈自由に寝ころんで休みましょう〉と声をかけ，各自がそれぞれに寝ころぶ。適当な場所の確保のために，参加者のそばにいるコセラピストもそれぞれに声をかけ，休憩を促す。

(3) 展開2

伸縮性の円筒形状の大きな布であるボディバンドを活用する

——ボディバンドを外からひっぱる（**写真1**）

円筒形の布を帯状にたぐり寄せ，円隊型で座る。両手でつかむことを促し，自由にひっぱったり，その反動でひっぱられる動きを楽しむ。動きのわからない参加者には，コセラピストが手を携えて一緒にひっぱる。

——ボディバンドを広げてひっぱる（**写真2**）

円筒形状の布に戻し，その外からひっぱり，その動きを楽しむ。

——ボディバンドの中で揺れる（**写真3**）

布の中に入って座り，もたれたり，横に揺れたり，自分のからだを支えながらも強めに押したり，揺れの動きを拡大する。

——ボディバンドにくるまる（**写真4**）

円筒形の中に楽な姿勢で座り直したり，寝ころんで休憩する。セラピスト，コセラピストは協力して，円の外から布にうまくくるまれるように補助し，参加者のからだがうまく包まれるようにする。

なお，写真は実際の参加者ではなく，同様の動きを模倣した児童らによるものである。

写真1

写真2

写真3

写真4

(4) 終　結
ボディバンドから出て，大きくのびをする。全員で再度円隊型になって座り，手をつないでバンザイをしながら，深呼吸をする。終わりの挨拶をして解散する。

## 6. セッションの経過

上記のセッションは60分の流れを示したものだが，このような経験の積み重ねにより，参加者たちは徐々にセッション内で変化をみせるようになっていった。

次にこれまでのセッションを振り返り，各参加者ごとにその反応や変化，参加態度の特徴を述べる。

1) Aさん

はじめはみんなを無視していたが，セラピストやコセラピストにかかわられることには拒否的ではなかった。まんざらでもない表情をし，全体の輪の中には入らなくても，その周辺からのかかわりには時折嬉しそうな表情を浮かべるようになった。しかし最後まで全体のセッションの流れに沿うことはなかった。

2) Bくん

コセラピストとのかかわりを中心に，マイペースな動きを含め楽しめていた。言語表現は乏しく，単語を変則的なリズムで発語する程度だった。しかしリズミカルな動きを楽しめたセッションの後，セラピストが〈Bくん，たのしかった？〉と尋ねると，「たのしかった」と一瞬ではあったが，なめらかな言語リズムで発語することができた。

3) Cさん

他者と協調する動きよりも，自ら進んで自分のペースで動きを楽しんできた気まぐれな面があり，気分が乗ると甘えることもある。特にリズミカルな動きを好み，表現的な動作も加えられるようになった。他者とのかかわりは，セラピストやコセラピストに対し，あくまでも自分のペースで甘える程度であり，他の参加者とのかかわりはほとんどみられなかった。

4) Dさん

セラピストやコセラピストからのかかわりに対しては概ね受け入れていたが，機嫌が悪いと拒否的な態度で癇癪を起こすこともあった。動きの面では，リズミカルな動きを特に好み，笑みをこぼしながら積極的にリズムにのってはじけるような雰囲気で，声をあげて喜んでいた。

5) Eくん

セッション参加当初，場を拒否して退出を繰り返し，いらだって激しい常同行為を繰り返していたが，しだいに落ち着いて寝ころび，リラックスした表情で過ごすことが可能となった。その場を感覚的に理解し，自分なりに楽しめる時間としてとらえられるようになり，セッション最後の円隊型に加わり手をつなげるまでになった。

6) Fさん

緊張から涙をこぼしていた当初に比べ，動きを楽しみ，自分の動きたい曲をリクエストできるまでに成長した。セッション後も笑みをこぼし，自分自身を楽しむ時間へと昇華させることができた。参加者の中では一番言語表現が可能な参加者でもあり，動きの体験を「楽しかった」と自ら発言することもあった。

7) Gくん

自分の手をなめる，遊具の車輪を口に入れ，なめるなどの常同行為が，セッション中続いていた。セラピストやコセラピストのかかわりも受け入れることはほとんどなく，最後までこの常同行為から離れることができなかった。

## 7. セッション経験が参加者にもたらしたもの

この一連のグループセッションは，治療としてではなく，療育の一環に属するものとして行なわれた。したがって，明確な治療目的に向かう医療の中でのダンスセラピーではなく，あくまでも，参加者に新しい体験を提供するという位置づけであった。

このような目的でのダンスセラピーの経験が彼らにもたらしたものとは，何であろうか。筆者は担当セラピストとして，次のようにとらえている。そ

れは，体育などのからだづくり，体力づくりといった目的的な身体経験ではなく，自分本位の動きの体験そのものであった。その体験が彼らにとって，ときにリラックスをもたらしたり，運動快につながったものと思われる。それが彼らに好意的に受け止められたとき，柔らかな表情をみせたり，声をあげて喜んだり，常同行為からそっと離れることができたのである。ほんのわずかな時間の小さな体験であっても，それは彼らが今まで経験したことのない時間であった。

　知的，視覚，聴覚などの障害を重複しているため，外界からの新しい刺激や体験は，限定されざるを得ないことがある。障害の克服といった大きな目的でない，今あるからだで今ある状況の中で，自分自身が己のからだとその動きで何を感じるか，何ものからも強制されない動きの体験，これが筒井寮におけるダンスセラピーの目的であり，その成果であったと考える。

## 2. 筒井寮での取り組みをふまえた心身障害児（特に重複障害児）に対するダンスセラピーについて

　さまざまな重複障害に対する統一されたダンスセラピーの手法は存在しえない。しかしながら，ダンスセラピーを行なううえで，共通して認識すべき点があるように思われる。
　そこで以下に要点をあげながら，心身障害児のダンスセラピーについて検討する。

### 1. セッションの構成に対する場の理解の問題
　前述のセッション構成は，あくまでもこのような流れをセラピストが組み立てるという前提で述べたものである。参加者全員が最重度の知的障害を有している場合，実際には通常の言語的教示ではセッションの流れがグループ全体に伝わらない。
　重複障害児をダンスセラピーの対象とする場合，まずセッションの場の理解を進めていくことが必要である。そのためには，言語的教示に頼ることな

く，実際の体験から少しずつ参加者にからだによる理解を進めていくことが重要となる。

　さらに，しぐさによるこのような言語以外のコミュニケーション手段においても，ダンスセラピーの場の理解が困難な場合も多い。

　その時，場の理解はどのようにしてなされるのか。それは，地道なセッションの積み重ねに尽きる。セッションの時間と空間，そのリズム体験のすべてを，感覚的に理解するまでセッションを積み重ねていく他はないのである。

## 2. コセラピストの存在意義

　重複障害児を対象にしたダンスセラピーの場合，特にグループセッションの形態となる場合は，コセラピストつまり，セラピストと共に協力しながらセッションを作り上げる役割を果たす援助者の存在が特別の意義をもつ。

　この事例のセッションでは，待機児童全員をその障害の程度には関係なく参加者としていたため，常に1～4名の保育士や生活指導員が共にコセラピストの役割を担って参加していた。時には1対1で手に手を取って動きを伝達したり，粗相をした場合の対応に従事していたりと，その役割は多岐にわたっていた。

　ダンスセラピーを初めて体験する施設職員にとっては，寮生との新しいかかわりの体験であったり，通常の寮生活ではみることのない姿を垣間みることのできる時間でもあった。一方，セラピスト自身にとっても，参加者の反応を知る手がかりになることも多く，セラピストにとっても重要な存在であった。

　ダンスセラピーそのものが，まだわが国では未開拓な領域だからこそ，関連領域の経験を積む専門家のコセラピストとしての手助けが必要である。やみくもに手助けするというのではなく，セッションの目的を確実に伝え，特にグループセッションにおいて，全体の流れの中で参加者を個別に支える存在としての役割が重要であろう。

## 3. 動きを重ねるセッションの構成

心身障害児と一言でいっても，その障害は多岐にわたり，特に重複障害児となると特定の動きを共通体験することは総じて難しい。

主に脳性麻痺などによる肢体不自由児に動作からアプローチした手法は，わが国で独自の発展を遂げている。動作法をはじめ，静的弛緩誘導法など，セラピストと患児との1対1でのアプローチが主流である。

一方，ダンスセラピーは，個人でもグループでもセッションは行なわれる。重複障害児のグループセッションでは，一人ひとりの動きの可動域や動かすことのできる身体部位など個人差が大きいことが想定される。このような場合，実際にどのような動きをセッションで行なえばいいのであろうか。

まずセラピストが動きを誘導する場合，最も単純なものを提示することが大切である。たとえば下肢ならその場で足踏み，上肢ならバンザイや手拍子など，その身体部位が可動性をもつのであれば，当然日常生活において体験している動きを示すのである。その上で，足踏みから空間移動に進む，足踏みのリズムを変える，バンザイで腕を挙げる方向を変える，手拍子のリズムを変えたり，上肢と下肢の動きを合わせるなど，参加者の能力に応じて少しずつ動きを重ねるのである。

最もシンプルな動きは，セッション参加者全員が共通してできる動きとし，そこからより幅広い動きの能力を有する参加者に向けて，動きを重ねていくのが望ましい。このような観点からの動きの重ね方の例（**写真1〜4同様，動きを模倣した児童による**）を**表2，3**にまとめたので参照されたい。

## 4. 道具の活用

セラピストの教示によって，参加者の動きが誘発されたり，教示はなくとも参加者の自発的な動きが生まれると，セッションはスムーズに流れることが多い。しかしながら，場の理解が困難であったり，自発的な動きができない参加者の場合，動きを少しでも促すような工夫がセラピストに求められる。

そこで道具を活用することを提案したい。ダンスセラピーで用いられる道具は，通常プロップともいわれ，さまざまな打楽器やスカーフや布など，多

種多様に存在する。これらのプロップは，ダンスセラピーに限定される特定の道具ではなく，運動療法や遊戯療法などに用いられるものと似通っている。基本的には，音が出る，音が響く，ひっぱる，揺するなどのリズムや動きが体感できる道具であることが望ましい。

今回筒井寮での取り組みの中で用いたボディバンドは，アメリカのダンス

表2 動きを重ねる前提での基本動作の例

| 動かす部位 \ 基本動作 | 1 | 2 | 3 |
|---|---|---|---|
| 上肢 | 手を振る<br>（バイバイする） | 腕を上げる<br>（バンザイする） | 腕を上げて手を振る |
| 体幹 | 前後に動かす<br>（上下を見る） | 左右に捻る<br>（左右を見る） | 左右に捻りながら前後に動かす |
| 下肢 | 足踏みをする<br>（足をトントンする） | 移動する<br>（散歩をする） | 自由に歩き回る |

（　）内は動きの教示例

第6章 心身障害児に対するダンスセラピー 109

表3 動きを重ねる場合の組み合わせの例

| 部位／動作1 \ 部位／動作2 | 上肢／腕を上げる | 体幹／左右に捻る | 下肢／移動する |
|---|---|---|---|
| 上肢／手を振る |  | 手を振りながら体を左右に捻る | 手を振りながら歩く |
| 体幹／前後に動かす | 体を前後に動かしながら腕を上げる |  | 体を前後に動かしながら歩く |
| 下肢／足踏みをする | 足踏みをしながら腕を上げる | 足踏みをしながら体を左右に捻る |  |

セラピストが独自に製作し販売しているものの商品名である。カラフルな伸縮性の布が大きな円筒形に縫い合わされたものにすぎないが，実際にセッションで用いると，ひっぱるだけでなく，包む，振るといった新しい動きを楽しむことができた点で有用であったと考える。同様の性質をもつプロップとして，運動会や体育イベントなどで用いられる筒状のコーオペ・ブランケットなどの商品もある（ボディバンドの連絡先は章末に記載した）。

### 5. タッチング

重複障害児の中には，仮に単純な動きであっても，道具を用いても，まったく反応がない場合も考えられる。そのような場合，つまり自発的な動きが不可能である場合，ダンスセラピーは成立しないのであろうか。もちろん，この場合でもダンスセラピーは成立する。

参加者が重複障害を有した場合のグループセッションにおいて共通する手段，動けないからだで対応するセッションで，ダンスセラピストは何を媒介に参加者とかかわるのか。それは，われわれ人間の最も原始的な感覚でもある触覚によるかかわり，タッチングである。モンターギュ（Montague, A.）[6]は，タッチングを母と子のコミュニケーションの最も重要な手段として捉えている。発育発達に障害をもつ子どもたちの場合も，他の子どもと同様にからだにふれ，ふれられるといったタッチングの経験が重要であることはいうまでもない。

多くの心理臨床の場で，身体接触がタブー視される中，ダンスセラピーではリズミカルな動きなどに守られて，タッチングがよりよく機能することがある。ふれることはふれあうことであり，コミュニケーションの基本である。ダンスセラピストは，このタッチングが侵襲的にならぬよう配慮しながら，活用することが望ましい。

### まとめ

一言に心身障害児，重複障害児といってもその治療や療育，教育において

共通項を見いだすのは難しい。ダンスセラピーにおいても同様であろう。しかし，ダンスセラピーにおけるダンスが，一人ひとりの身体能力をふまえたあらゆる動きであることを前提とすれば，どんな重複障害児においてもセッションは成立する。ダンスセラピストはその状況に応じて，子どもたちの"ダンス"を支えていくことが大切なのである。

### 謝　辞

　本章での実践例について，ダンスセラピーの取り組みに快くご協力いただいた奈良県立筒井寮の薮内昭男前寮長，米田毅寮長，馬場利雄次長をはじめ，貴重なご助言を賜りました堀内伸浩先生にこの場をお借りして深謝申し上げます。

### 付　記

　なお脳性麻痺などによる重度身体障害などの重複障害児におけるダンスセラピー関連の取り組みについては，筑波大学付属桐が丘養護学校の松原豊教諭の実践がある。

### ボディバンド（BodyBand）　問い合わせ先

Marjorie Falk, P. O. Box 8421, Baltimore, Maryland 21234, U. S. A.
Phone：410-913-3565　　Fax：410-583-1127　　E-mail：marjoriefalk@gmail.com
（ただし英語のみの問い合わせとなります）

### 参考文献

1) 金田安正・岩岡研典・高田谷久美子・西洋子・松原豊・若山浩彦編著（1997）からだや動きで表現するために―障害児・者のアクティビティ向上にむけて―　「機能訓練と楽しいスポーツ」シリーズ　中央法規出版
2) 立川　博（1987）静的弛緩誘導法　動作の不自由な子どものための基礎的指導　お茶の水書房
3) 成瀬悟策編（1992）臨床動作法の理論と治療　現代のエスプリ別冊
4) シューブ，T. 著／平井タカネ・川岸恵子・三井悦子共訳（2000）からだの声を聞いてごらん―ダンスセラピーへの招待　小学館スクウェア
5) レフコ，H. 著／川岸恵子 他訳（1994）ダンスセラピー　グループセッションのダイナミクス　創元社
6) モンターギュ，A. 著／佐藤信行・佐藤方代共訳（1977）タッチング　親と子のふれあい　平凡社

# 第7章　高齢者に対するダンスセラピー

町田　章一

## はじめに

わが国で高齢者に対してダンスセラピーを行なっている施設は未だ少数である。ここに約10年間にわたって，高齢者施設でダンスセラピーを行なう機会を得たので，この期間のセッション（以下，モデル事例という）を紹介し，これから高齢者を対象にしたダンスセラピーを始めようとする方々へ，具体的なヒントを提供したい。

## 1. モデル事例

### (1) 対　象

平成12年度にデイケアセンターに来所した者で，本人または家族がセッションへの参加を希望し，施設側が参加を認めた者66人を対象とした。対象者は利用日の相違から3つのオープン・グループに分かれ，1回のセッションには15～30人が参加した。男性22人（33%），女性44人（67%）で女性が多く，年齢の範囲は64歳から97歳に分布し（平均80.9±9.0歳），80歳台に大きなピーク（高齢者集団）と60歳台に小さなピーク（脳卒中後遺症者集団）があった。

ほぼ全員が杖や介助等，歩行上の配慮を必要とし，車椅子利用者は20人であった。片麻痺者は17人，聴覚障害者は11人（内，補聴器装用者5人），視覚障害者は7人であった。持続的参加が困難で，セッションの輪を出た

り入ったりする人が1人，終始輪の外側にいる人が2人いた。状況によって自傷行為や他害行為が予想される参加者が1人含まれていた。程度の違いはあるが，すべての参加者がダンス・セラピスト（以下，DT）の動きや他の参加者の動きを真似る意思をもっていた。

（2）スタッフ

ダンスセラピーの実施に当たっては，DT（1名），担当スタッフ（施設側の責任者1名），介護スタッフ（数名），実習生（0〜4名）が関与した。スタッフは，①セッションに先立ち，その日の参加者の様子（初参加の人，体調の悪い人，午前中に行なった活動等）をDTに伝え，②開会の挨拶，DTの紹介，③聴覚障害や視覚障害を伴う参加者の情報を保障し，④ダンスのパートナーになり，起立を助け，転倒を防止し，⑤参加者が小休憩している時にデモンストレーションを行ない，⑥閉会の挨拶を行ない，⑦セッション終了後にスタッフの間で感想を述べた。

（3）時期，時刻，頻度，場所

年間を通じ，月に2回，午後2〜3時までの40〜60分間，大きな食堂の一部で，参加者の人数により椅子の配置を変化させて行なった。

（4）セッションの内容

セッションはあらかじめその内容を決めないで行なった。さまざまな可能性を考えて準備をするが，現場に出てからは群全体の流れを尊重し，参加者と共に内容を創造していく。参加者の発言や動きを最大限に取り入れ，それらを繋ぎ合わせ，セッション全体にメリハリを付け，事故のないように注意を払いながら，時間内に終了し，1人の落伍者もなく，全員が楽しめるセッションを目指した。

1つのワークは5分くらい続くとひとまず終結とした。これはカラオケ1曲分の長さである。次のワークに移るまでに数分かかるので，40分間のセッションは5〜7種類くらいのワークが連なったものになる。結果的にはいつもと同じような内容のものが7割，新しい試みが3割くらいになる。各セッションは1回ごとに完結しており，年間を通じた発展的計画や展開はあまり考えていない。ある日のセッションの構造を表1に示す。

表1　ある日のセッションの構造（1999年12月24日）

| 導入部 | 1 | イメージを用いた自由運動 |
|---|---|---|
| | 2 | 歌を歌いながら体を動かす |
| 展開部 | 3 | あいさつまわり |
| | 4 | 打楽器操作 |
| | 5 | フォークダンス風 |
| | 6 | 小道具を用いた回想的運動 |
| | 7 | 大きな風船を用いた動き |
| 終結部 | 8 | 万歳三唱 |

## 2. おもなワークと実施上の留意点

### 1. イメージを用いた自由運動

　司会者から紹介を受け，簡単な挨拶をする。すぐに音楽をかけ，DTは参加者全体で一緒に動くものを提案する。セッションの開始時には参加者も緊張しており，何が始まるのか注目し，期待している。その集中したエネルギーが拡散しないうちに，スッと全体の流れを生み出すと良い。飛行機が離陸する感触である。

　DT〈両手を前に出して……，ブラブラって揺すります……，ストンと両手を落とします……，膝をパタパタ，パタパタと叩きます……〉等と20～30種類の運動を，おのおの数回ずつ繰り返す。この時の留意点は，

1) DTの動きが参加者全員に見えて真似しやすく，身近に感じるように，輪の中を参加者の列に沿って常にゆっくりと歩きながら動作を示したり指示を出す。
2) 言葉による指示が聴き取りやすいように，声の大きさ，声の質，言葉の長さ，言葉遣い，さらに，音楽の大きさが言葉の聴き取りを邪魔しないように注意する。
3) どのくらいのスピードで次の動作の指示を出すか，については最も注意を要する。参加者全員の動作を見渡しながら，できるだけゆっくり進

めて，参加者全員がついて来られるように配慮するが，また，展開が遅すぎてワーク全体のリズムを失わないよう，注意する。
4) このようなワークをしながら，その日の群全体のエネルギーの大きさと流れ具合を感じとる。また，動作が遅れがちな人，気が乗らない人などの存在を確認する。
5) 施行中，参加者の中からさまざまな雑談がこぼれたら，積極的にそれを採用し，DTの話の内容や動きのバリエーションを豊かにする。
6) このワークの目的は参加者一人ひとりが自ら自分なりに体を動かすことである。DTが示す動きは参加者の動きを触発する契機に過ぎない。参加者がやりたくなったことをやるのが目的なので，必ずしもDTの真似をする必要はない。

　DTと異なる動作をしている人がいたら，〈〇〇さんがこんな動きをしていますよ。みんなで真似てみましょう〉と展開する。注目を浴びて喜ぶ人もいれば，恥ずかしがって消極的になる人もいるので，臨機応変に行なう。全体の流れがつかめたら，少しずつイメージを入れていく。

　DT〈はい，両隣の人と手をつなぎます〉。次に〈手をゆっくりと上に上げます〉〈はい，下ろします〉を数回繰り返し，様子をみる。〈手をゆっくりと前に出して，上に上げて，下ろします〉を数回繰り返す。〈みんなでボートを漕いでいるみたいですね。どこへ行きましょうか。ハワイですか？　すごいですね〉と展開することもある。このワークはシャロン・チェクリン（Chaiklin, S.）のセッションからヒントを得た。

## 2. 歌を歌いながら，体を動かす

　わらべうた，文部省唱歌，歌謡曲など，参加者がよく知っている歌を全員で歌う。次に，歌いながら体を動かす。最もやりやすいのは手拍子である。①1拍ごとに手を打つ，②1拍は手を打ち，次の1拍は両膝を打つ，③1拍は手を打ち，次の1拍は両手を開いて隣同士の人と手を打つ，等といろいろに変化をつけて行なう。その他「むすんでひらいて」「夕日（ぎんぎんぎらぎら）」「茶摘唄」等は，それらの曲ごとに手遊びが付いているので，そ

れをそのまま行なえる場合もある。この時の留意点は，
1) 参加者側から自発的に歌が提案できるように工夫する。
2) ほぼ全員がそれなりにできる歌や動作を選び，それに少しずつ変化をつけ，全員がついて来られるかどうかを確認しながら展開する。「全員で同じようなことをして，仲間意識を高めたり，自分も集団の一員であることを再認識し，自信をもつこと」が目的であるから，自分なりにでも参加できない人があれば，早目に終了して別の動きを提案する。互いに競争させて敗者や落伍者を出したり，できない人を笑って楽しむことはしない。
3) 参加者が自発的に，自分なりに行ない，楽しむことが大切である。手本や指示は参考に過ぎず，それらの細部にこだわる必要はない。

### 3. あいさつまわり

参加者全員が中心を向いて輪になって座る。音楽が鳴ると，順番に自分の席から立ち上がり，輪の内側を，一人ひとりに握手をしながら一回りして再び席に着く。このワークをすると，参加者，特に挨拶をして回る人は想像以上に活気づく。「○○です。よろしく」という人，「お互いにがんばりましょうね」と励ます人，「ワー温かい手ねー」と話す人，手を握ったまま互いに会話が弾んでなかなか次に移動しない人など，さまざまである。この時の留意点は，
1) 挨拶をして回りたくない人を無理に誘わない。
2) 握手をする時に必要以上に力を入れて握ったり，握った手を振り回す参加者に注意する。
3) 半身に麻痺がある人や車椅子利用者には挨拶をして回る順番や方向に注意する。
4) 会話に夢中になって滞っている場合には，そのまま置いて順番を飛び越えて行くのではなく，移動の催促自体も1つのやり取りとして大切に扱う。能率的に挨拶することではなく，挨拶を契機にして人との交流を楽しむことが目的である。

5）輪が大きくなると，挨拶をしている群が一方に偏り，反対側は手持ち無沙汰で待っている場合がある。輪全体が万遍なく活気づき，あちこちで交流が起こるよう配慮する。時には，待っている人に楽器を操作してもらったり，ペアダンスを始めてもらったりする。

### 4. 打楽器操作

　打楽器を操作することも，気軽に運動をしてもらうきっかけになる。前述した「あいさつまわり」の際に音楽が流れるので，それに合わせて思い思いに楽器を鳴らしてもらうとやりやすい。楽器の選択に際しては，操作しやすく，聴き取りやすい音が出て，安価なものを考慮すると，タンバリン，鈴輪，鳴子，エッグマラカス，太鼓等が一般的である。鳴子を両手に持って拍子をとると明瞭な大きな音が出て，さらに鳴らす時の仕草を工夫すると，集団で群舞をしているような感覚を味わうことができる。

### 5. フォークダンス風

　本来のフォークダンスには振付があるが，ダンスセラピーにおいては振付にこだわらずに自由に踊ることが多い。音楽は，「比較的テンポが遅く，ビートが明確で，曲想が明るい」ものが使いやすい。
　DTやスタッフが参加者を誘って2人組になり，輪の中に出る。始めのわずかな動きで参加者がどのような体勢でどのように動きたいかを察知し，DTやスタッフは相手の動きに合わせるように努める。多くの場合は，互いに向き合い両手を取り，音楽のリズムに合わせて左右に手を振り，同時に足踏みをする。輪の中を移動しながら〈○○さん久し振り。腰の具合はどう？〉等と話を交わしながら行なうことが多い。時には足のステップに注意をしながら動く人，社交ダンスのように体をぴったりつけて動く人もいる。パートナーであるDTやスタッフは相手の体を支え，転倒を防ぎ，他の組とぶつからないように配慮する。起立はできるが自ら動くことが困難な場合は，DTが背中を貸して，背負いながら左右に体を動かすだけでも喜んでもらえることがある。車椅子利用者の場合には，パートナーが車椅子を操作し

て2人組になったり，車椅子は別のスタッフが押して3人組で踊ることもある。4～5人組の場合には，
1) 全員で手を繋いで輪になり，両手を前後に振りながら横に動く（歩幅を小さくとれば横に進むことは比較的容易で安全である）。
2) 全員で手を繋いで輪になり，前進して輪を狭めたり，後退して輪を広げる（後退するときは特に転倒に注意し歩幅を小さくする）。
3) 全員で手を繋いで輪になり，1人が片手を放し，他の人が繋いでいる手の下を潜り抜け，そのまま全員が繋がって潜り終えたら，再び手を繋いで輪を作る。
4) 1人の人の後を行列を作って，歩いたり踊ったりする。
5) 4) の行列の最前列と最後列が繋がると，盆踊りのような輪ができる。
6) 1人の人の両肩に両手を置いて，連なって行進する（転倒を防ぐため，適所にスタッフを混ぜる）。
7) 6) の行列の最前列と最後列が繋がると輪ができる。

### 6. 社交ダンス風

高齢者を対象にした施設で〈ダンスをしましょう〉と言うと，多くの人は社交ダンスを連想する。「あら嬉しい，一度習ってみたかったの」「若い頃は親の目を盗んでダンスホールに通ったわ」などと目を輝かせるご婦人も多い。中には経験が豊富な人もおり，「先生，しっかりリードして下さい」などと期待する。特にブルースはテンポがゆっくりなのでそのまま踊れることもある。運動機能が低下した人や経験のない人にはその人に合うように修正する。音楽もよく知られた曲目を用いる。高齢者を対象にする場合，社交ダンスはDTの必須科目のように感じる。

### 7. 盆踊り風

盆踊りの良いところは，明るさと季節感であろう。テンポが比較的遅く，動きも緩慢で単調なものがやりやすい。よく知られている「東京音頭」をそのまま用いる場合もある。全員が椅子に座ったまま手踊りで復習した後，輪

の中に出て列を作って踊る。輪になって踊ってもらった後に，全員に団扇（うちわ）を持ってもらうと気分が一新してもう1回楽しめる。輪の真中に祭りの太鼓を置いて叩けば，本格的に祭りを体感したり，思い出を想起したりする。

8. ハワイアン風

ハワイアンは曲想が明るく，ゆったりとした動きで，動作そのものに分かりやすい意味がある点が良い。参加者の機能や興味に合わせて，修正を加えながら楽しむことができる。レイを首から下げたり，髪に花を挿したり，腰に布を巻くと雰囲気が盛り上がる。ハワイアンとは多少異なるが，いくつか手話を説明した後で手話ダンスを工夫することもある。

9. 小道具を用いた動き

小道具（布，ビニール袋，落ち葉，お手玉，紙風船）を持ち出すと，それらの操作に触発されて踊りが展開する。

＜布＞

風呂敷大の軽くて綺麗な色のついた布は，腰に着けたり，頭に巻いたり，肩から下げるだけで，参加者の気分が変わり，動きも変化する。布をひらひらと動かしたり，空中に放り投げたりするとさらに大きな動きに展開する。特に，どのように動いたら良いか戸惑っている参加者にとっては，布をゆっくりと操作するだけで思いがけない動きを次々に生み出せるので便利である。布は参加者の人数以上用意するとやりやすい。実施に当たっては，踏みつけて転倒したり，首に巻いて思わぬ事故にならぬよう，注意する。

＜落ち葉＞

秋になると赤や黄色の落ち葉を集めておく。参加者が口にする場合を想定して，落ち葉をきれいに洗い，水を拭き取り，盆の上に山盛りにしておく。

DT〈今日は，落ち葉をたくさん拾って来ました。きれいでしょう。これからお盆を回しますので，自分の好きな葉っぱを1つずつ取って下さい〉。

DT〈いろいろな葉っぱがありますね。黄色い人，上に上げて振って下さ

い〉。

　DT〈葉っぱをよーく見て。穴があいている人。穴から明るいところを覗いて見てみましょう〉。

　DT〈葉っぱの匂いをかいでみましょう。どんな匂いがしますか？　そうです，桜餅の匂いですね〉。

　DT〈それではこの葉っぱを自分の体に付けて下さい。ポケットに挿しても良いし，髪に挿しても良いし……〉。

という具合に進めて行く。DTの発言はあくまでも刺激であって，そのときの参加者の反応を尊重して取り入れるとさまざまに展開する。〈それでは，葉っぱを片手に持って，左右に振りながら「紅葉」の歌を歌いましょう。あーきのゆうひーの……〉となったり，〈隣の人の葉っぱを見せてもらいましょう。相手の葉っぱが欲しかったら，交換してもらうようにお願いしてみましょう〉となったこともあった。これは照屋洋のワーク（町田章一[6]を参照）からヒントを得た。

## 10. 遊びが付いたわらべうた

　遊びが付いたわらべうたの中には，多少修正すれば楽しめるものもある。全員で子ども時代の話をし，いろいろな遊びを思い出す。どんな風にして遊んだのか，思い出しながら話し合う。たとえば「とうりゃんせ」が話題に上ったとする。

　一般的には，2人が向き合って立ち，両手を繋いで高く上げ，互いに少し離れて橋を作る。橋の下を全員が「とうりゃんせ」の歌を歌いながら列を作って連続的に潜り抜ける。歌が終わる時に，橋を形作っていた2人は両手を左右に広げるようにして下ろし，潜り抜けている途中の人がその手の中に挟まって捕まる。捕まった人は2人組のどちらかと役割を交代する。

　モデル事例の場合は両手を繋いで手を高く上げ難く，手の下に潜り抜けるだけの十分な空間を作り難かった。そこで，新聞紙を丸めた50cmくらいの長さのバトン（後述）を持ってもらい，そのバトンを上げて十分な空間がある橋を作った。また，曲が終わって捕まっても，橋の役目を負うことができ

ない人もいたので，そのような人が捕まった場合には「おめでとう」と祝福して，ハワイアンで使うレイをかけることにした。

その他，「ずいずいずっころばし」「おせんべやけたかな」「花いちもんめ」等も楽しむことができる。

### 11. 大きな風船を用いた動き

全員が椅子に座ったまま輪になっている。大きなゴム風船が輪の中に投げ入れられる。自分の近くに風船が飛んで来たら手で打ち返す。風船は輪の中をあちこち移動する。この時の留意点は，

1) 直径1m以上のゴム風船は空気の抵抗によって動きが緩慢になり，高齢者にも目で追える。色は黄色が見やすい。天井は高い方が風船が天井にぶつかったり，照明器具に当たったりしないので思う存分楽しめる。
2) 夢中になるあまり，下肢機能が不安定であるのに椅子から立ち上がったり，風船を追いかけて歩き出したりする人がいるので，転倒に注意する。
3) 必要に応じて，輪の中にスタッフが入り，風船を中継し，参加者に風船が万遍なく巡るように調整する。
4) 美しい音楽をかけると一層楽しくなる。
5) 参加者全員に古新聞を丸めて作ったバトンを配り，バトンで風船を打つようにすると雰囲気が一新する。

高齢者のセッションにおいては，適度に休憩を挟む必要がある。その休憩の仕方が微妙であり，全面的に休むとセッション全体の流れが消えてしまう。表面的には休んでいるが，根底ではゆっくりとしっかりと流れているワークが必要である。大きな風船のワークは全員が座っており，自分の所に風船が来ない間は休んでいるが，風船が飛んで来ると，ほとんどの人はその風船に全身全霊で対応する。

### 12. 手拍子を打ちながら言葉を唱える

全員で手拍子を打ちながら言葉を唱えるワークである。たとえば早春の頃

であれば，

　DT〈そろそろお花見の季節ですね。みなさん，お花見はどこへ行きますか？〉。

　参加者「……洗足池（せんぞくいけ）」などと地元で知られた桜の名所が出たとする。

　DT〈そうですね。洗足池は良いですね。私も毎年お花見に行きます。それではみんなで，手拍子を打ちながら，せ，ん，ぞ，く，い，け，と言ってみましょう。ハイッ〉。

　全員「せ，ん，ぞ，く，い，け。せ，ん，ぞ，く，い，け。せ，ん，ぞ，く，い，け」と一音節ずつ手拍子を取りながら3回繰り返して唱える。

　DT〈それでは，洗足池にお花見に行きましょう。何をもって行きましょうか？〉。

　参加者「ちょっと一杯」。

　DT〈お酒ですね〉→「お，さ，け」。

　参加者「煮物作ってもらって，重箱につめて」→「に，も，の」。

　参加者「人にやったりもらったりするのが良いのよね。量は少なくても」。

　DT〈そうですね。……おすそわけですね〉→「お，す，そ，わ，け」と話をつないでいく。

　このワークはあまりにも単純で面白みが少ないようにみえるであろうが，実際に行なってみると予想以上に楽しんでもらえる。痴呆が進んでいるために音声言語による会話についていき難い方も，時々一緒に言葉を唱えることにより，話の輪に参加しているような気分を味わえる。身近な事象を題材に取り上げ，2〜5音節位の単語による単純な答えを導き，1〜2分ごとに1単語が出るくらいのスピードで話を進めて行く。参加者からどのような答えが出ても，できるだけ尊重して取り込むようにすることが大切である。正しさや正確さではなく，「自発性」「尊重されること」「みんなと共に行なうこと」が大切である。

　同様にして，干支（ねー，うし，とら，うー……），歴代天皇の名前（神武，綏靖，安寧，懿徳，孝昭，孝安……）など，現在の高齢者なら大多

数の人が知っていると思われるものを一緒に唱えることができる。

### 13. 小道具を用いた回想的運動

セッションの途中に小道具（バトン，団扇，紙風船）を用いるワークを差し挟むと気分が一転する。

＜バトン＞

B2版新聞紙5枚を縦に丸めてテープで留め，バトンを作る。芯に空洞を作った方が軟らかくなり安全である。

参加者全員にバトンを1本ずつ配る。配ること自体もセッションの一部であり，さまざまに工夫する。スタッフが配ったり，参加者の1人に配ってもらったり，隣の人にリレーをしながら配ったりする。

バトンを配り始めると，全員に行き渡らないうちに，受け取った参加者はそのバトンでいろいろな動きを始める。DTはこれをよく観察しておく。

DT〈さあ，始めましょう。さっき○○さんは望遠鏡みたいにして覗いていました。みんなもやってみましょう〉などと言い，動作をする。自分の肩をバトンで叩く人，バトンを刀に見立てて「エイッ」と振り下ろす人，隣の人の頭をふざけて軽く叩く人などさまざまであるが，いろいろな動作をみんなで真似てみる。

DT，スタッフ，参加者が動作をし，参加者全員でその動作を真似て，何をしているところかを当てる。これを契機にさまざまな話題に広がることもある。

- バトンを縦にし，上端と下端を片方ずつの手で握り，上端を固定し下端を旋回させる→すり鉢でゴマを擂っている
- バトンを縦にし，上端を両手で握り，上下に突く→一升瓶に玄米を入れて突いている
- バトンを両膝の上に横に置き，両手をバトンの上に載せて前後に転がす→そばを打っている
- バトンの一端を両手で持って口にあてて吹く→火吹き竹で火を吹いている

- バトンの一端を片手で持ち，もう一端を下にして丸く円を描いて動かす→餡子（あんこ）を煮る
- バトンを刀を持つように構え，頭上で旋回させてから「トウッ」と振り下ろし，そのまま右脇に引いてから「ツキーッ」と水平に前に突く→長刀（なぎなた）の稽古をしている

　生活に密着している動作の方が分かりやすい。特に，最近は行なわないが昔はよくやった動作は，なつかしさを感じ，いろいろなことを思い出させ，話が膨らむことがある。

## 14. 肩たたき
　椅子に座ったまま前述したバトンを用いて行なうとやりやすい。
　DT〈右手にバトンを持って，自分の肩を軽くトントンと叩きます。足も叩きます。ちょうど良いぐらいの強さが分かりましたね〉。
　DT〈それでは右手にバトンを持って，右の人の肩を軽くトントンと叩きます〉。全員の足並みが揃った頃に，
　DT〈さあ，「肩たたき」の歌を歌いましょう。♪かーさんおかたをたたきましょー，タントンタントンタントントン……♪〉と4番まで歌いながら肩を叩く。これは単純な動作であるが，全員が一斉に肩を叩いている光景は群舞の様にも見え，全体が素晴らしい活動をしているような雰囲気を味わうことができる。
　DT〈さあ，それでは交代。回れ右〉。バトンを左手に持ち替えて，左の人の肩を軽く叩く。以下同じ。歌い終わったら
　DT〈ではもう一度，しばらく自分の肩を軽く叩きます〉と言ってワークを終える。
　また，両手で直接マッサージをすることもできる。隣同士で2人組になる。2人が同じ方向を向いて並び，後ろの人が前の人の背中を軽くマッサージする。
　DT〈広げた両手で，左右交互に軽く叩きます〉。
　DT〈空手チョップのように手を広げ，軽く指を伸ばし，左右交互に軽く

叩きます〉。

DT〈軽く握った拳で，左右交互に軽く叩きます〉。

DT〈掌をお椀のように丸くして，左右交互に軽く叩きます〉。

DT〈最後に，肩から腰にかけて，背骨の両脇を上から下にシューッシューッ，シューッと3回拭き下ろします〉。

DT〈ハイッ。交代〉。

これを行なう時の留意点は，

1) スキンシップの度合いが比較的強いので，セッション後半になって，参加者が互いに十分に親しみを感じるようになった頃に行なう。
2) 上肢に麻痺がある人や相手を強く叩く可能性がある参加者は，スタッフと組む。
3) 全体的に軽く行なう。他人の体に触れたり触れられたりすることが目的である。力を入れなくても，触れられると相手のぬくもりや心理的な安心感や愛情を感じることが多い。

### 15. おいわい

セッションの最後に，「みんなで一斉に明るい声を出す」ワークである。三本締め，一本締め，応援などがあるが，「万歳三唱」を紹介する。

DT〈そろそろお開きの時間になって来ました。それでは，いつものように，みんなで万歳を三唱したいと思います。どなたか最近良いことがあった人，ありそうな人，何かみんなにご披露したい人はいらっしゃいませんか〉。

参加者「私の娘が今月結婚をするんです。相手はボクシングのチャンピオンなんです」。

DT〈それはすばらしいですね。みなさんと一緒にお祝いしましょう。前に出てきて下さい〉と輪の中央に導く。ここでもう一度全員に万歳の趣旨を説明する。

DT〈Aさんの娘さん。長女のB子さんが，この度ご縁が調いまして，結婚をすることになりました。お相手はボクシングのチャンピオンだそうです。それではみなさんと一緒にお二人の幸せを祈って万歳を三唱したいと思いま

す。B子さん，バンザーイ，バンザーイ，バンザーイ〉。拍手。
　Aさん「ありがとう，ありがとう……」。
　このワークも構造は単純であるが，想像以上に喜んでもらえる。自分が話題の中心となり，輪の中に出て注目を浴び，温かい声を全身に浴びることは快感のようだ。また，万歳という発声と動作は多少痴呆が進んでいる人や，身体機能が低下している人にもそれなりに可能であり，全員が心を合わせて一緒に行なえる動作の一つである。このワークの留意点としては，
1) 万歳を受けたいという人が出てこない場合は，適当な参加者に声をかけてみたり，スタッフや実習生に話題を提供してもらう。
2) 万歳を受けたいが特別な話題がない人に対しては，〈誕生日は何月ですか？　11月。今は2月ですからちょっと先になりますね。でも，おめでたいことは早目にやっても良いといわれてますので，やりましょう〉ということで行なうこともできる。
3) お祝いの内容が事実であるか，正しいか否かは二の次である。参加者みんなが受け入れられる明るい話題であれば何でも良い。
4) 1人で輪の中に出る場合もあれば，万歳を受けてくれる人を2～3人募り，一緒に受けたりして変化をつける。

## 3. 高齢者のダンスセラピーの特徴

次に，高齢者を対象にしたダンスセラピーの特徴を述べる。
(1) さまざまな障害を伴っている方が多い
　高齢者は個人差が大きいが，デイケアを利用する高齢者の場合は何らかの障害を伴った方が多いという特徴がある。障害の種類や程度が大きく異なる人びとが一つのグループを形成するので，一緒に同じ活動に参加するためにはさまざまな工夫が必要である。それぞれが別々の動きをしていても違和感がなく，むしろ多様性に富んでいて面白くて楽しいと感じられるような状況を創造する必要がある。
(2) 椅子座位で行なう動きが中心となる

ダンスセラピーは，立位（立った状態），座位（座った状態），臥位（横になった状態）で行なったり，これらの体位をさまざまに取り混ぜながら行なうことが一般的であるが，高齢者を対象にする場合は，身体機能上の制限から，椅子座位を中心にして時々立位を含めた動きでセッション全体が構成されることが多い。跳躍のように両足が同時に床から離れる動きは原則としてない。

(3) 参加者は季節の影響を受けやすい

冷暖房の完備した室内で行なっても，猛暑や厳寒の時節には，参加者の様子がいつもとは異なっている。高齢者を対象にしたセッションでは，「季節感」は精神的，文化的意味だけでなく，身体的な意味をも含めて重要な要素である。

(4) 「回想」を活用することができる

高齢者は長い生活経験をもっているので，思い出が豊富である。それらの思い出を回想することにより，活動の動機を高め，イメージや話題を豊富にすることができる。

(5) 参加者はセラピー内容へ直接的に反応する

高齢者は身体的精神的適応に限界があるため，参加者に適合していないセッション場面になると継続的参加が困難になる。痴呆の程度が進んだ利用者の場合は，特にその傾向が強い。したがって，セラピストは参加者各自の心身の状態にマッチした場面を次々に創造していかないと，グループが崩壊し，ひとつのエネルギーをもった場として成立しない。

セッション内容等についての評価を参加者が言語表現することは，比較的少ない。したがって，セッション内容が利用者に適合しているか否かを判断する指標としては，「高齢者がセッションの場に参加し続けていられるか」「高齢者が群の一員として参加しているか」「本人の目や表情が輝いているか」などが実際的な目安になる。

(6) 参加者はセラピストへ気配りをする

高齢者に対してセッションを行なうと，社会人としての長い経験に基づいた対人関係への配慮を感じさせることが多い。セッションの前後において

「お世話になります」「とても楽しかった」「先生も大変でしょう」等とセラピストへの気配りを感じさせる参加者は少なくない。これらのやりとりは参加者が，セッションの前後やセッション中に社会的活動を実践し，これまでの自信と自尊心を確認する良い機会でもあるから，丁寧に対応する必要がある。また，このような傾向は，セッション終了後に参加者にセッションの感想を尋ねる場合には，社交辞令的な感想が含まれる可能性を示唆するものである。

　(7) 利用者は着実に老化の度を深めていく

　セッションは１年間の期間を設定して行なわれるが，セッション開始の４月時点と終了する翌年の３月の時点とでは利用者の状況が異なり，多くの参加者はセッションを重ねるごとに徐々に老化の度を深めていく。当然のことであるが，ダンスセラピーで老化を止めることはできない。しかし，調和をとりながら幸せに老化していくように思える。

　(8) 各セッションごとに成果が求められる

　本稿で対象にしている参加者については，セッションを行なったその時に具体的な成果が求められる。すなわち，「楽しかった」「良かった」「嬉しかった」「楽になった」「もっとやりたい」「またやりたい」等といった表現に示される成果が求められる。セッションを行なう立場からは，今，この瞬間を充実して生きてもらいたい，それが，最高の過去（思い出）となり，最高の未来（希望）を拓くことになるであろうと考えている。数週間後，数カ月後等の成果を期待して「今は苦しくても，退屈でも，我慢して行なう」ような活動は非現実的である。

　おわりに

　以上，筆者が現在行なっている主なワークの内容と実施場面でみられる特徴を述べた。これらはモデル事例を対象に，スタッフ，参加者が試行錯誤を繰り返しながら創り出したものである。本稿をまとめるにあたり，大田区立池上高齢者在宅サービスセンターの利用者，職員の皆様に大変お世話になっ

たことを記して謝意を表する。

**引用・参考文献**
1) 荒川香代子（2000）痴呆性老人のダンスムーブメント療法―ムーブメントと回想の機能について― ダンスセラピー研究 1(1):7-21.
2) Ley, F. J. (1992) Dance/Movement Therapy: A Healing Art. Reston, VA: The American Alliance for Health, Physical Education, Recreation and Dance, Second Edition
3) 町田章一（1998）ダンス療法の理論と展開 徳田良仁他監 芸術療法2 実践編 140-146 岩崎学術出版社
4) 町田章一（1999）日本におけるダンスセラピーの30年 日本芸術療法学会誌 30(1):24-32
5) 町田章一（2000a）ダンス・セラピー こころの科学 92:79-84
6) 町田章一（2000b）照屋洋のセッションから JADTA News 44:4-8
7) 町田章一（2002a）ダンス療法（1）ダンス療法の歴史と現状 月刊総合ケア 12(11):72-75
8) 町田章一（2002b）ダンス療法（2）高齢者のためのダンス療法―準備と導入 月刊総合ケア 12(12):76-79
9) 町田章一（2003a）ダンス療法（3）高齢者のためのダンス療法―展開 月刊総合ケア 13(1):73-75
10) 町田章一（2003b）ダンス療法（4）高齢者のためのダンス療法―終結 月刊総合ケア 13(2):72-74
11) Sandel, S. L., Johnson, D. R. (1987) Waiting at the gate. Creating and Hope in theNursing Home, The Haworth Press
12) Sandel, S. L., Chaiklin, S., Lohn, A. eds. (1993) Foundations of Dance/Movement Therapy: The Life and Work of Marian Chace. The Marian Chace Memorial Fund of the American Dance Therapy Association, Columbia

# 第8章 ターミナルケアにおけるダンスセラピー

大沼　幸子

はじめに

　ターミナル期の芸術療法として，音楽や絵画を用いた報告はみられるが，ダンス・ムーブメントを用いた関わりは未踏の分野と思われる。なぜなら多くの場合，ターミナル期にある患者は体力が弱っており，そのような状況で動きを用いた関わりは，患者の負担になってしまうことが予測されるからである。また，ダンスセラピストの活動の場所として，精神科領域で活動している人が多く，ターミナル期に関わる機会が少ないということも一因していると思われる。

　筆者は，主に精神科領域や老人ホームで集団ダンスセラピーを実践してきたが，一般臨床で看護教員として，がんの方や高齢者の方のターミナル期に関わることもある。そこでは，リラクセーションやイメージ療法を中心に実施しており，その中で，意図的なタッチを用いたり，病状の許す限りムーブメントや，ダンスのステップを取り入れている。

　ダンスセラピーというと，一定の決まった振付を処方するというような，特殊な治療ダンスと誤解されることがあるが，特殊なダンスではない。実際に用いる方法は，即興ダンスで踊る以外に，手をつないだり，背中合わせになったり，さまざまな形の身体接触やタッチを頻繁に用いる。この身体接触やタッチは，他の心理療法ではあまりみられず，ダンスセラピーの特徴ともいえよう。身体接触やタッチは，人間関係を促進し，身体感覚の変化をもたらす目的で行なうが，特にターミナル期には，タッチは安心感を与える重要

な要素ともいえる。

　希望を失いかけることの多いターミナル期において重要なことは，苦痛という現実から少しでも逃れることのできる非日常の時間をもつということである。ダンスは正に非日常的な事象である。元気な頃のように自由に動くことはできないが，イメージを活用して，イメージの中で動くこともできるし，立つことができれば，そこから，患者とセラピストだけの特別なダンスに発展させることも可能である。1日の中で，ほんのわずかな時間でも楽しむこと，笑うことができるということは，患者のQOL（Quality of life）を向上することにつながるのではないだろうか。ダンス・ムーブメントやタッチを通して，身体イメージを変容させ，自己を肯定的に，前向きにとらえること，また活性化を促すことを可能にするのが，ダンスセラピーといえよう。

　この章では，入院中のがん患者と高齢の患者に対する，ダンスセラピーの実際と可能性について，事例を通して述べる。

## 1. 事例紹介

　事例1：A氏　女性　年齢：30代後半
　診断名：急性骨髄性白血病
　経　過：悪性リンパ腫の診断を受け，8カ月入院し，寛解退院する。半年後関節痛が出現し再入院となり，白血病の告知を受けた。1回目の化学療法の結果，寛解に至らず抑うつ状態になり，涙が止まらなくなった。

　この頃，2週間，看護学生が実習でA氏を受け持ち，筆者も指導教員として直接関わり，自然治癒力の話やリラックスと免疫力との関係について話し，筋弛緩法を中心としたリラクセーションを2回実施した。リラクセーション体験については，「気持ちいい」という反応であった。しかし，自らリラクセーションに取り組むまでには至らなかった。

　医師からは抗不安薬を処方されるが，眠気が強すぎて3日間で中止した。睡眠薬を服用して，徐々に笑顔を見せるようになった。しかし，2回目の化学療法でも寛解に至らず，正月の外泊ができなくなったことをきっかけに，

第8章 ターミナルケアにおけるダンスセラピー　*133*

再び抑うつ状態になった。泣いてばかりで気力もなくなり，夫の勧めで心療内科を受診し薬物療法と面接で気力が回復した1週間後，患者からイメージ療法の指導を求められ，心療内科と連携をとり，筆者が面接することになった。心療内科医も同時に支持的な面接を継続した。関わりは，コセラピストとして看護教員も同席して行なった。

　**印象と性格傾向**：理知的で穏やか。感情表現が苦手。人前で取り乱すことはない。

　**〈関わりの実際〉**
　1カ月ぶりに訪問すると，患者はサイモントン療法など自然治癒力に関する本を4冊準備し，自ら学習していた。しかし「1人ではよくわからない，イメージが苦手」と言うので，白血球のイメージの仕方について説明し，リラクセーション用にヒーリング音楽 "Water Leaf" を紹介した。
　2回目の面接で，イメージを絵にすることを促すと，「絵も苦手だけど，前回聞いた音楽から森と川のイメージが浮かんだ」と言うのでそれを絵にしてもらった。描画は筆圧が弱く，線も細かったため，1度描いた絵の上から，もう一度なぞって太く，濃くするよう提案した。薄かった絵がはっきりしたのを見て，「こんなに違うのね」という反応がみられた。その後ベッド上でイメージ自律訓練を行なった。これは，バックミュージックが流れ，ナレーションが入っているオリジナルテープを用いた。
　A氏「眠くなった。とても良い気持ち。星空が見えた」と言うので，それを元に絵を描いてもらうことにした。
　A氏「星空のイメージでもいいの？」。
　筆者〈何でも良い。パッ，パッと新しい，良い細胞が誕生すると思えば良いんですよ。夢もいろいろな分析があるようだけど，夢の内容より，その時の気分や気持ちが大切って言っている人もいるわよ。Aさんは気持ち良かったわけだから，深いリラックスが得られたんじゃないかしら。キラキラ輝く星もいいんじゃない〉。
　A氏「何でも良いって聞いて気が楽になった。できるだけ横になったら

やってみる」と述べる。

　A氏は理性的な面が強く，感情をあらわにする方ではなかった。そこで，理性で抑圧していた感情を動きによって解放すること，すなわち体全体で表現する方がいいのではないかと考えて，イメージを動きで表すようなことも考えていると話すと，「へぇ，楽しみ」と動きに対して期待をする発言が見られた。

　1週間後に訪問すると点滴中であったが，絵を描くことを促すと，ためらわずに描いた。最近はイメージの中に夫も出てくると言い，川の中に2匹の魚が向き合っている絵を描いた（2匹の魚は自分と夫である）。

　A氏「クラゲのような，ゴミみたいなものが岩の穴から出てくる」
　筆者〈岩の穴をふさいでみたら？〉
　A氏「それは斬新。気がつかなかった。そしたらもう出てこないものね」
　筆者〈魚も遊びが必要よ。何か川の中で遊べる遊び道具を入れましょう〉
　A氏「そうね」と丸太をくり貫いた絵を描き加え，そこを魚が自由に通れるようにした。

　絵やイメージを少しずつ変化させていく試みは，A氏にとっては思いつかない方法だったようで，楽しみながら取り組んでいるようであった。

＜イメージ誘導とムーブメントの導入＞
　絵の後は，デイルームでムーブメントを行なった。看護師には事前に動きを入れることの承諾をとっておいた。
　A氏は描画の中で魚ががん細胞を食べてしまうというイメージをしていたので，それをもとに，A氏には魚になってもらい，がん細胞を食べるのではなく，攻撃する動作を振り付けた。点滴をしているため椅子に座り，目を閉じてもらった。深呼吸をして，体を軽く動かした後，音楽をかけた。

＜実　際＞
1) 大きな魚になり，海の中を泳いでどんどん突き進んでいきます。1人ではなく，隣には夫が手をつないでくれて一緒に突き進んでいます（実

際は，コセラピストとして看護教員が隣で夫の役割をして協力する）。
途中，悪いがん細胞がいたら，パンチをしてやっつけます（A 氏は目を閉じ，筆者の誘導に従い，パンチを続けた）。

　がん細胞もやっつけて，海の中がきれいになったので，今度は陸にあがり，一休みしましょう。砂浜の大きな木の下で，心地よい風に吹かれながら，リラックスします。
（曲を変更。コセラピストと背中合わせで座り，音楽を聴いてもらう。さらに曲に合わせながら，ゆっくり揺れる動きを取り入れた）
2) 背中がとても温かく，気持ちがいいので昼寝をしましょう。昼寝をしながら，夢をみます。砂浜の近くの林に 1 本の細い道があります。その道をたどっていくと，湖が見えます。その湖にはボートがあり，元気になった自分がボートにのってとてもくつろいでいます。しばらく話しかけるのをやめますので，その元気になった自分を味わって下さい。……ではそろそろ昼寝から目が覚めます。伸びをして体の感覚をとりもどしましょう（終了）。

A 氏「とても気持ちが良かった。こういうのも良いわね。こういう風に治療してくれたらいいけどねぇ」と感想を述べる。

　このときのイメージを絵にしてもらうと一面をピンク色で塗り，紫色でふわふわした花を描いた。テーマを尋ねると夢ということであった。ムーブメントの反応は，自分自身が病気の治療に参加できたという満足感，達成感を感じたようで，その反応は絵にもあらわれていた。それは，これまでの絵がどこか頭で考えていた川であり，木であり，魚であったのが，初めて抽象的な表現になり，テーマも「夢」という希望を示すテーマであった。身体接触を用いたムーブメントは，日頃体験したことのない新たな感覚をもたらしたようで，イメージすること，絵を描くことを苦手としていた A 氏は体そのものを活用する方法で，さらにまた誘導されることによって，自らを試されている感覚をもたず安心した枠の中で，解放感が得られたようであった。絵の変化は，本で学習した既成概念へのとらわれから解放され，自由になった自己像の変化を意味しているとも考えられる。この日は寛解に入ったことを

主治医から説明され，化学療法の効果が初めて確認された。
　その14日後より地固め療法として4回目の化学療法が開始され，その日から高熱が出現した。その1週間後訪問。発熱が持続していた。「熱があるので，今日は動くのはやめて元気になる音楽を聴いてみましょう」と音楽のみにした。その後，A氏は自分のこれまでのこと，イメージ療法をしてからのことについて話してくれた。
　A氏「私は何か自分でできることをしたかったのでイメージ療法をお願いした。夜はイメージ自律訓練と，水の音楽（water leaf）を聴くと，昔旅行したことなどを思い出し，楽しくなって，また行きたいと考えているうちに眠る。睡眠薬を飲まなくても眠れる。吐き気もすぐ治る」と述べる。情緒も安定し，闘病意欲も持続できていた。
　しかし，4回目の化学療法開始10日目に胆管炎を併発，後日，真菌性肺炎を併発して，人工呼吸器を装着したが，改善みられず永眠された。

### ＜事例1の検討＞

　化学療法中の患者は貧血になることが多く，動きによって呼吸数と脈拍が増加し，エネルギーが消耗する。また，ふらつきも生じるため，安全が守れないとムーブメントの導入はできない。事例1では，ムーブメント導入時はふらつきはみられず点滴の制限のみであったが，椅子に座って行なうことで安全を確保した。点滴などの制限がなく，デイルームがプレイルームのような構造で床が絨毯であれば，寝転んで体を伸ばしたり，体そのものが白血球になったり，白血球同士がくっついて強力な白血球になるなど，さらにイメージムーブメントの展開ができると思われる。そのようにイメージにして実際動いてみることは，個人にもよるが，体の感覚に変化が生じ，また気持ちの上でも充実感や新たな気づきになることもある。また，ダイナミックにがん細胞をやっつける動きは，自分も治療に参加しているという実感がもてる。このような体へのアプローチは，病状が進行する前に患者のQOLを向上する上で重要な意味をもつと考えている。

第8章 ターミナルケアにおけるダンスセラピー　*137*

事例2：B氏　男性　年齢：50代前半
診断名：悪性リンパ腫の早期再発
経　過：6月右下腹部，腸管原発非ホジキン性悪性リンパ腫出現。化学療法を施行し，寛解となり，10月退院。翌年，1月初め，右下腹部（同部位）に再び腫瘍が出現し，再入院となった。再発したのは，1回目の入院時にしっかり治療してくれなかったから，こんなに早く再発したと述べ，医師に対して不信感を抱いていた。
印象と性格傾向：はっきり自己主張できる。自分の信念をしっかりもっている。治療に関する医学書，民間療法などをよく調べている。
患者の状況：ベッドで眠っていることが多く，衰弱しているのが見た目でわかる。膵臓と脳への転移も出ている。本人は新しい薬を外国から取り寄せようとしているが，それももう効く状態ではなく，転院の希望もあったが衰弱が進み無理ということであった。点滴と胆汁を出すチューブが挿入されている。

＜関わりの実際＞
B氏は右側臥位で苦痛顔貌を表し，痛みをこらえていた。
筆者〈話すのもつらいですか？〉
B氏「うーん，そうだね」
筆者〈背中さわっても大丈夫ですか？〉
B氏「うん」右側臥位の状態で背中を触れると，左腎部あたりの筋肉が異常に堅くなっていた。
筆者〈ここがとても堅くなっていますね。これでは本当に痛いですね。このしこりはがまんしているしこりで，随分がまんしているんですね〉
　筋肉のしこりについて解釈をしながら，しこりを中心に背中全体のマッサージを20分続けた。しばらくマッサージをしていると，表情が和らいで話ができる状態になったので，職業のカメラのこと，どんなものを写していたかと問うと，いろいろと思い出して語り笑顔がみられた。また退院したら，どんなものを写したいかなどと聞くと，「特に考えていなかったけど」と言

いつつ旅行の話に発展していった。話が一段落すると,「ありがとう。疲れたでしょう。もういいですよ」と筆者をねぎらい仰臥位になった。〈仰向けの状態で行なうマッサージもしてみましょうか〉と促し,触れる場所の感覚や触れていいかの確認をとりながら,足部,下肢,腰部のマッサージ,さらに全身を軽く揺すった。

B氏「足は化学療法の副作用であまり感覚がないんですよ。主治医に何か方法はないかと聞いたら,ないと言われた」。

筆者〈マッサージして刺激すると,少しずつ感覚は戻ってきます。こうやって人間がもっている能力を引き出すんですよ〉。

B氏「へぇー。そうなんだ。気持ちいいなあ」。

筆者〈笑ったり,気持ちいいと思うことをすれば回復する力が高まり,NK細胞が増えるっていわれているんですよ〉。

B氏「ナチュラルキラーか……」。

筆者〈痛みの方は少しよくなりましたか？〉。

B氏「うん,10だったのが,4くらいになった。ただ,管のところはシクシクずっと痛いけどね」。

筆者〈今度,奥様いらしたら,足のマッサージしてもらうといいですよ〉。

B氏「うん,そうする。ここのところ,状態よくないから,妻は毎日きている」。

筆者〈1人の時は音楽聴いて,リラックスするのもいいですよ。その時,楽しかったことを思い出すのもいいし,退院してからしたいこと,行きたい所などイメージしながら聴いてみるのもいいですよ〉。

B氏「音楽を聴く時間はある。今度やってみようかな。何もしないと,くだらないこと考えちゃうから,今度からそうしてみる」という前向きな発言が聞かれた。

後日看護師長より,専門家によるマッサージの許可を医師からとっていたことと,B氏は音楽を積極的に聴いているという報告があった。

## 第8章 ターミナルケアにおけるダンスセラピー　139

＜ムーブメントの関わり＞

1週間後，白血球低下のため空気清浄器を取り付け，カーテンの中だけの生活になる。度々の下痢のために生じた痔の疼痛に悩まされ，しばらく痔の痛みの話を聞く。背中の痛みは訴えず，ずっとベッドにすわっていたので，マッサージはしなかった。

筆者〈この間はマッサージをして足の筋肉を刺激しましたが，今日は別の方法で，少しずつ，筋力をつけていきましょうか〉と促した。立てるかどうか確認すると立てるというので，ベッドの傍に立ってもらい，手をとり，ゆっくりと気が満ちていくような太極拳とイメージダンスを5分程行なった。

1) 呼吸法と屈伸（足ががくがくしており，なめらかなゆっくりした動きがとれなかったが，筆者の誘導に応じようとしていた。安心感を与えるため，ずっと手をつないで行なった）。
2) 太極拳の呼吸法（1人で立つことが安定してきたため，手を離して1人で立って筆者と向かい合わせになり，筆者の動きを模倣してもらった）。
3) 両手で球体を作り，「気のボール」と名づけ，それを上下に動かす。
4) 手をつないだまま，手を交差したり，上下に動かす。
5) 腰のバランス運動（手をつないで，お互い腰を左右に振る。「スイングみたいだ」笑顔で言う。この動きがとてもよくB氏に合っており，〈いい動きですね。とてもいいですよ〉とフィードバックした）。
6) イメージダンス（目をつぶり，イメージ誘導）――草原にいます。大地から若葉のエネルギーをもらいます。そして白血球が増えてきて，どんどんエネルギーが湧いてきます（下から上に向けてエネルギーが流れるように重心も下から上に変化させ，顔も上に挙げ，手もゆっくり，上に伸ばしていく動きを繰り返した）。
7) 〈動くことで，気が通ります。動きで身体のバランスを整えます〉と話し，深呼吸をして終了した。

B氏「汗は出てきた。何か昔にもどったみたいだ。ここのところ，体温が低くなっているが，体温が上がった感じだね」とうれしそうに話す。

B氏「音楽はカール・ジェンキンスが気に入っている。退院してからした

いことを考えながら聴いている」と音楽にも積極的に取り組んでいることを報告してくれた。

1週間後，白血球が100～200／μlから6,900／μlに増え，カーテンの中だけの生活が解除になった途端，実際に運動を始めた。

B氏「運動してます。2階をぐるぐるまわったり，階段を昇ったり，でも階段は手すりにつかまらないとだめだった。息が切れて……」。

筆者〈息が切れるのは，貧血のせいですよ〉。

B氏「そうなんですか。貧血で息切れするんだ」（データを2人で見ながら話す。ヘモグロビン濃度（Hgb）7.4mg/*dl*で強度の貧血状態であった）。

筆者〈必ず，つかまってゆっくり歩くようにしてくださいよ〉と念を押した。

16日後，顔は脱水様顔貌。

B氏「食事が食べられない」（意欲，判断力とも低下。やっと歩いている状態）。

筆者〈少し，立って足の運動しましょうか〉。

B氏「はい」（力なく，筆者に従っている感じ）。

＜ムーブメントの関わり＞

数分間のみ，2人組で体操と深呼吸。支えていないと安定感が得られないようであったので，お互いの肩に手を置き，深呼吸しながら膝の屈伸を始めた。深呼吸をしている途中，筆者がハミングしながら2人で揺れる動きを行なった。

この時，B氏からは言語による反応がなかったが，わずかではあるが笑顔がみられた。この後，看護師に足浴を希望しており，少し意欲が出たようであった。

＜その後の経過＞

病勢の進行が濃厚となり，胸痛，腰痛，呼吸苦を訴え，麻薬や鎮痛剤の使用が増えていった。化学療法前に一度外泊をしたが，翌朝呼吸苦が強くなり，

救急車で病院に戻り，永眠された。

＜事例2の検討＞

　痛みのある患者は，部分的な痛みでも，精神，身体にわたる全体的な苦痛となり，それだけで体力を消耗してしまう。痛みを緩和する1つの手段として注意転換法があるが，痛みが激しい時は，他者の介入なしに，注意転換することは難しい。B氏の苦しそうな顔貌から，タッチやマッサージで注意転換することが適切と考え，マッサージを行なった。患者の痛みはがんの浸潤転移からくる痛みと，医師を信頼できず，怒りにも似た医師への不信感が背中の筋肉のしこりとなって表れ，それが激痛となって本人を苦しめていたとも考えられた。看護師も痛みに対してマッサージを行なうことが多いが，背中のしこりの意味を解釈する術は学んでいない。背中のしこりについては，ボディトークの増田明（1995）が研究しており，そのしこりの解釈を本人に伝えながらしこりをほぐすことが大切であるといっている。ベッドにうずくまり，孤独と痛みに耐えていたB氏にとって，しこりの解釈をしながら，また患者にも自然に語らせながら行なったマッサージやリラクセーションは，10の痛みが4になったと述べていることから，効果があったと思われる。忙しい看護師が1人の患者に30分以上付き添っていることは，したくてもなかなかできない現状でもある。そのようなとき，タイミングよくセラピストが介入することは，まず患者を孤独から解放する。また，直接手で働きかけるので，あたたかさと安心感から痛みも軽減するのであろう。また，医師からは，化学療法の副作用である知覚障害に対しては，治療法はないと言われ，B氏はあきらめていたが，下肢のマッサージは，1つの希望をもたらし，妻もそれに協力できるという体制にもっていくことができた。ターミナルにおいて家族とのスキンシップは身体面のみならず，精神面にも良い影響をもたらすものである。さらに苦しさに埋没するのではなく，音楽を聴きながら退院後にしたいこと，行きたい所を考えるという提示は，短期間ではあったが，前向きに闘病する希望につながったようであった。

　また，カーテンの中だけという制限の多い環境で，痛みもあり，チューブ

も挿入され，点滴もしていることから，なかなか自由に動くということができないため，筋力は急速に低下し，立っても膝がガクガクする状況であった。自らも体力の衰えを感じているとき，ムーブメントは元気な頃の感覚をわずかでも取り戻す時間となり，自らも運動するきっかけにったようであった。

その後，全身状態が徐々に悪化し，麻薬や鎮痛剤でのコントロールが主となり，亡くなられてしまったが，最後のダンス以降は，それまで口にしていた「死にたい」ということは聞かれなくなり，最期まで前向きな闘病生活を送っていた。そのようなB氏の反応から，がん患者のターミナル期におけるムーブメントの可能性を教わったように思う。

事例3：C氏　女性　年齢：70代前半
診断名：心不全
患者の状況：糖尿病壊疽のため左下肢切断。脳梗塞のため構音障害が少しみられる。一日中車椅子で過ごしており，全面介助を必要としている。糖尿病の治療食を食べているが，食欲が異常に旺盛になり，他の患者が残した食物を食べたり，食欲のコントロールができずにイライラしており，暴言を吐いたり，ベッド柵に足をがんがんとぶつけるという自傷行為が見られる。夜間も騒ぐため，同室者が眠れなくて困っている。食事はナースステーションで摂っていた。足を切断してから，人が変わってしまったと本人が嘆くこともある。

＜関わりの実際＞
担当していた看護学生が，C氏が昔社交ダンスをしていたことを聞き出し，スタッフの同意を得て，デイルームでダンス音楽を聴くことにした。何の曲がいいかと聞くと，「タンゴがいいわ」と言うので，タンゴの曲をかけた。1曲目はC氏，学生，看護教員，筆者の4名で聴いた。C氏はじっとCDラジカセを見つめながら，健側の足で時折，リズムをとっていた。筆者が〈踊ってみましょうか？〉と誘うと，「これじゃ踊れないわよ」と車椅子であること，片足であることを理由に否定的であった。立つことも歩くこと

もできないC氏にとって，ダンスは遠い昔の思い出であり，現実のものではなかったようだ。そこで〈車椅子でもダンスはできるんですよ〉と少し強く誘い，C氏の手を取り曲に合わせて筆者がリードして踊った。C氏は「先生上手ね」と言いながら，筆者のリードに合わせて踊った。タンゴの曲に合わせてコミカルに頭部を動かす筆者を見て，しだいに笑顔が増えていった。

　この時の様子を見ていた看護教員と学生は，「今までに見たことのないような笑顔だった」と話す。その日の昼には学生に促されて，初めて自室で昼食をとる気持ちになり，C氏も「練習してみるの」と食の自立に意欲的に取り組もうとしていた。翌日もダンスの時間を設けて踊った。

　この2回だけのダンスで食事の問題が解決したわけではないが，ダンスを機に徐々に変化していったようである。1人暮らしのため，介助はまだまだ必要ということで，施設に転院が決まり，3週間後転院した。

**事例4：D氏　女性　年齢：70代後半**
**診断名**：心不全，甲状腺機能低下症
**患者の状況**：心不全のため，呼吸苦があり，酸素吸入をしている。傾眠傾向があり，トイレ以外はベッド上でウトウトしていることが多い。トイレ歩行時も時々ふらつくため，看護師の付き添いを必要としている。前出のC氏と同室の6人部屋であるが，患者同士の交流はほとんどみられない。看護学生が担当し，足浴などを実施しているときはとてもリラックスして話をするときもある。

**＜関わりの実際＞**
　受け持ちの看護学生が，同室のC氏がデイルームでダンスをしたことを話題にすると，興味を示し，「私も昔はよく踊ったのものよ。今じゃ全然だめだけどね」と言いながら，体でリズムを取り，腕を動かしながらにこにこと話されたという。同室者にダンスが好きな人が3人いることがわかり，看護師の承諾を得て，翌日はデイルームではなく，病室で行なうことにした。同室者にはあらかじめ，音楽をかけることの承諾を得た。当日の朝，D氏

はぐったりして体調が悪そうだったので，学生は見ることを勧めたということであった。しかし曲がなると自ら起き上がり，端座位になり，スリッパをはいてにこにこしながら，C氏と筆者のダンスを見ていた。C氏の後に筆者がD氏を誘うと少し恥ずかしそうに「できないわよ」と言いつつ，すぐステップを踏み始め，終始笑顔であった。疾患を考慮し，1曲全部踊ることはせず，休憩をいれた。しかし，2曲目がなると自ら立ち上がり，筆者とペアを組んで踊り始めた。「昔よく踊ったのよ。懐かしいわ」とうれしそうに笑顔で話し，呼吸が乱れることもなく踊ることができた。終了後「病院でこんな風にできるなんて思ってもいなかったわ」と本当にうれしそうな笑顔で述べた。普段は少しの体動も面倒がり，そのままの姿勢でいようとするD氏であるが，音楽がなると自ら起き上がり，踊り出すというD氏の一面を発見できた。その後，D氏は経過が順調で退院した。

＜事例3・4の検討＞
　内科病棟に入院中の慢性疾患をもっている高齢な方に対し，単発でダンスを行なった場面を紹介した。この場合のダンスは，レクリエーションやリハビリテーションとしての要素が強く，活性化を促すもので，心理療法的な関わりとは性質が異なっている。
　たった1回のダンスタイムであったが，「病院でこんな風にできるなんて思ってもいなかった」というD氏の発言にもあるように，さまざまな痛みや苦しみをもつ人が集まっている病院で，社交ダンスをするなど，思いもよらなかったことであろう。
　今回の試みは，看護学生が受け持った患者の趣味がみんな社交ダンスだったこと，そして病棟スタッフの理解と学生の協力があったから，成立したといえる。変化の少ない病床生活に，今回のようなダンスタイムがあったら，闘病意欲にも変化が現れるのではないだろうか。この試みを通して，一般病棟でレクリエーションや，遊びを兼ねたリハビリテーションを取り入れることの意義と必要性を感じた。
　C氏とD氏の部屋でダンスをしたと聞きつけた隣の大部屋の方々も口々

に「私も以前，社交ダンスやってたのよ。是非，この部屋でもやって」といわれた。ほとんどが悪性疾患の50代後半と60代の患者で，告知されている方々であった。化学療法を受けながら，治るという希望をそれぞれがもっていたが，ダンスの話をするときはいきいきと話し，踊りたいという気持ちがとてもよく伝わってきた。人はつらいときに悲しみに浸ることも，時には必要かもしれないが，前向きに明るくできるだけ楽しく過ごしたいとも願う。1日の中の，わずかな時間でも，笑える日は充実するのではないだろうか。それは，ちょっとした誰かのジョークであったり，ユーモアであったりする。そして，ダンスの経験のある人は，基本的に踊ることが好きな人で，その好きなことが病棟でできたら，きっと充実した日になるだろう。

## 2. まとめ：ターミナルケアにおけるダンス・ムーブメントセラピーとセラピストの条件

　ターミナルケアにおけるダンス・ムーブメントセラピーのプロセスについて，図1に示す。
　ターミナル期にある患者は，身体の苦痛があり，点滴などチューブを挿入し，治療上の規制がある場合が多いので，セラピストはまず，身体面の評価をし，苦痛の程度と目の前にある体が何を要求しているかを察知しなければならない。また同時に心理面についても同様に気分や感情についても評価する。
　評価の後は，患者個人個人の目的に応じた方法が選択される。セラピストはできるだけ多くの方法を身に付けていること，1つの方法にこだわらず，時には患者と共に新しい方法を見つけていくような柔軟な姿勢が望ましい。今回紹介した事例では，描画，音楽，イメージ，ダンス・ムーブメントのような芸術療法と，タッチ，マッサージ，リラクセーション法などを用いているが，その時の状況に応じて瞬時に判断し，どのようなフィードバックをするかが求められるため，セラピストは応用が利くように，心理療法について基礎的なものは知っておいた方がよい。水島恵一（1998）も「『絵画療法』

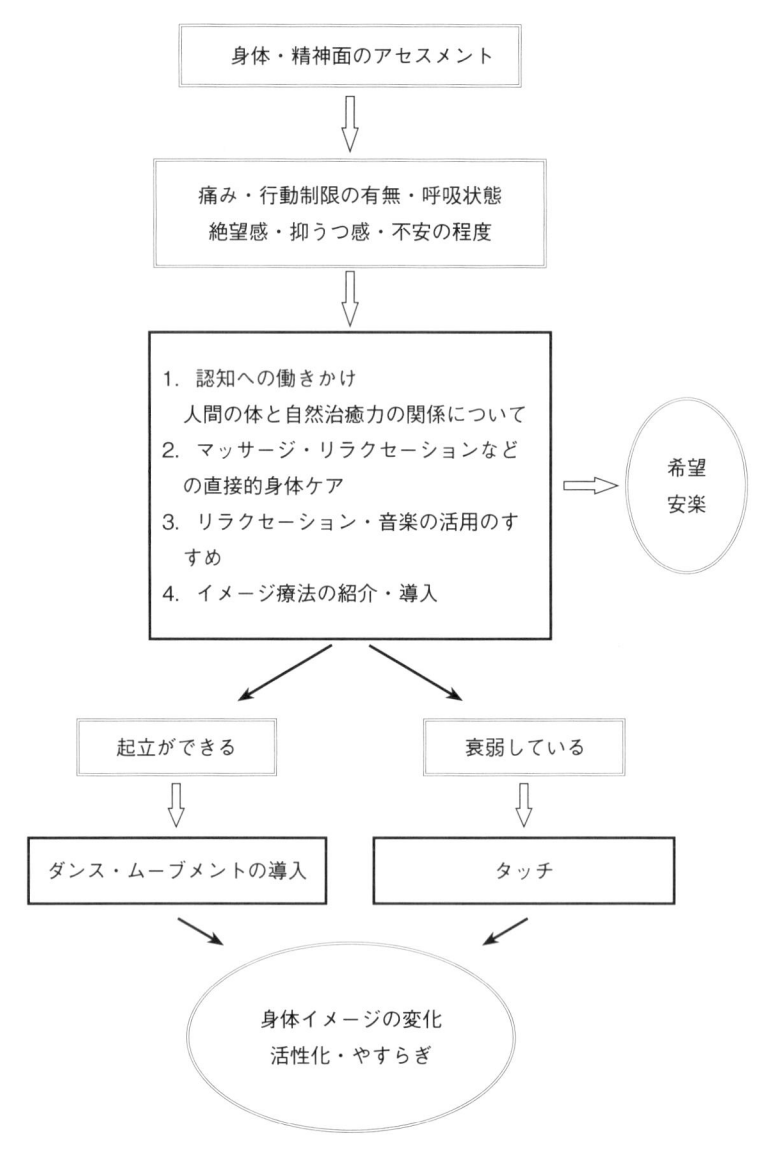

```
                ┌─────────────────────┐
                │ 身体・精神面のアセスメント │
                └─────────┬───────────┘
                          ⇓
        ┌─────────────────────────────────┐
        │ 痛み・行動制限の有無・呼吸状態      │
        │ 絶望感・抑うつ感・不安の程度        │
        └─────────────┬───────────────────┘
                      ⇓
    ┌──────────────────────────────────────┐
    │ 1. 認知への働きかけ                    │         ╭──────╮
    │    人間の体と自然治癒力の関係について   │  ⇨     │ 希望  │
    │ 2. マッサージ・リラクセーションなど     │         │ 安楽  │
    │    の直接的身体ケア                    │         ╰──────╯
    │ 3. リラクセーション・音楽の活用のす     │
    │    すめ                               │
    │ 4. イメージ療法の紹介・導入            │
    └──────┬──────────────────┬────────────┘
           ↙                    ↘
   ┌──────────────┐      ┌──────────────┐
   │ 起立ができる   │      │ 衰弱している  │
   └──────┬───────┘      └──────┬───────┘
          ⇓                       ⇓
   ┌──────────────────┐    ┌──────────────┐
   │ ダンス・ムーブメントの導入 │    │ タッチ       │
   └──────────┬───────┘    └──────┬───────┘
              ↘                   ↙
              ╭─────────────────────╮
              │ 身体イメージの変化     │
              │ 活性化・やすらぎ       │
              ╰─────────────────────╯
```

図1　ターミナルケアにおけるダンス・ムーブメント導入のプロセス

『音楽療法』などの個別的表現・治療法に限定せず,『オトナの遊戯療法』として,柔軟に,その場その場の流れによって何でも適用する総合的芸術療法が考えられてよいであろう」[6]と述べている。描画からムーブメントへ発展させる方法は新しいことではない。しかしどのようなムーブメントを引き出すか,振り付けるかは,その時々で創造していくもので,決まりはない。それは患者とセラピストが交流して創造していくものである。

　創造の過程は流動的であるが,得られた結果は個々の目的に照らして評価する。

　なお,関わりについてはできれば医療スタッフの同席が望ましいが,できない場合は必ず報告して関わりや反応を共有し,日常のケアに生かせる情報の提供を行なう。また,心理療法的な関わりが濃厚な場合は,専門家からスーパーバイズを受けることも必要といえよう。

## おわりに

　一般病棟でのダンス・ムーブメント・セラピーの試みは始めたばかりであるため,事例の数は少ないが,患者との交流を通して多くの示唆を得ることができ,筆者自身が患者に癒されていることを感じた。それは患者自身の反応がとても豊かで,温かさに満ちていたからである。このような表現の交流を通してお互いが癒し癒される関係になっていくのだと思われる。

　最後にこのような試みを快く承諾し,共に関わってくれた病棟看護師長,看護師の方々,助言を下さった医師に感謝致します。また,執筆の機会を与えられたことに感謝すると共に,天国で見守ってくれているA氏とB氏に感謝の気持ちを捧げ,ご冥福をお祈り致します。

**引用・参考文献**
1) サイモントン,C.・サイモントン,S. M. 他著／河野友信・笠原敏雄訳(1982) がんのセルフ・コントロール　創元社
2) カールソン,R.・シールド,B.編／上野圭一監訳(1996) 癒しのメッセージ　春秋社

3) 徳田良仁他監修（1998）芸術療法 2　実践編　岩崎学術出版社
4) 増田　明（1955）ボディトーク入門　創元社
5) 石川　中・野田雄三（1981）サイバネーション療法　時事通信社
6) 水島恵一（1998）イメージ表現と芸術療法　芸術療法 1　理論編（徳田良仁他監修）
　　150-161　岩崎学術出版社

# ダンスセラピー 群別項目リスト

＊記述箇所は索引を参照

<名　称>
定義，介入，ダンス療法，ダンスセラピー，ダンス・ムーブメント・セラピー，ダンス／ムーブメント・セラピー，DMT，集団ダンスセラピー，集団ダンス・セラピー，アメリカンダンス，岩下－湖南メソッド，日本ダンス・セラピー協会，アメリカ・ダンスセラピー協会（ADTA）

<実施場所>
中学校，相談室，一般医療現場，診療内科，精神科クリニック，精神病院，精神病棟，デイケア，デイケアセンター，老人ホーム，ターミナルケア

<関係者>
ダンス・セラピスト，DT（Dth），セラピスト，リーダー，コセラピスト，アシスタント，主治医，精神科医，看護師，カウンセラー，作業療法士，保育士，生活指導員，施設職員，ダンサー，保護者，診療報酬

<対象者>
参加者，見学者，見学参加，一般社会人，中学生，学生，高齢者，患者，クライエント，相談室登校生，がん患者，視覚障害者，聴覚障害者，補聴器装用者，精神障害者，肢体不自由者，片麻痺者，車椅子利用者，心身障害児，重複障害児，適応

<対象者の障害>
悪性リンパ腫，急性骨髄性白血病，視覚障害，聴覚障害，構音障害，知覚障害，肢体不自由，脳性麻痺，麻痺，心不全，知的障害，痴呆，非精神病性疾患

<観　点>
印象，服装，参加態度，健康，体力，体調，体温，脈拍，呼吸数，α波，闘病意欲，ストレス，自然治癒力，免疫力，運動機能，下肢運動，緊張，弛緩，内部感覚，身体感覚，身体機能，感情，感情表現，言語的理解，判断能力，自己決定，自己表現，自己主張，自己像，身体イメージ，自己認識，自己実現，性格傾向，対人関係，人間関係，バランス，QOL

<症　状>
急性期，亜急性期，安静期，維持期，回復期，慢性期，社会復帰訓練期，思春期，ターミナル期，息切れ，痛み，しこり，苦痛，心身症，ふら

つき，転倒，腰痛症，精神病，非精神病，陽性症状，陰性症状，うつ状態，うつ病，抑圧，抑うつ状態，躁状態，競争，劣等感，拒否的，否定的，不信感，不登校，不眠症，問題行動，自傷（行為），他害（行為），孤独，幻聴，常同行為

＜セラピー構造＞
同意，拒否，プレミーティング，プレ・ミーティング，構造，治療的枠組み，プログラム，プロセス，アセスメント，評価，場，ワークショップ，セッション，グループセッション，集団セッション，個人セッション，オープングループ，クローズドグループ，レッスン，ワーク，導入，ウォーミングアップ，ウォームアップ，展開，発展，中断，休憩，終結，クロージング，クールダウン，シェアリング，アフターミーティング，ポスト・ミーティング，観察，グループ記録表，個人記録表

＜道　具＞
小道具，道具，プロップ，スカーフ，布，レイ，団扇，バトン，ボディバンド，音楽，ダンス音楽，BGM，ヒーリング音楽，歌謡曲，文部省唱歌，わらべうた，打楽器，絵，絵画，椅子，車椅子

＜関連した療法＞
薬物療法，化学療法，睡眠薬，抗不安薬，副作用，面接，カウンセリング，交流分析，心身医学，リハビリテーション，レクリエーション，休養，運動療法，筋弛緩法，静的弛緩誘導法，リラクセーション，呼吸法，催眠療法，自律訓練，自律訓練法，ボディワーク，作業療法，精神科作業療法，動作法，心理療法，遊戯療法，注意転換法，芸術療法，サイモントン療法，イメージ療法

＜ダンスの種類＞
準備運動，体操，ストレッチ体操，バランス運動，太極拳，ダンス，社交ダンス，フォークダンス，盆踊り，クラシックバレエ，モダンダンス，即興ダンス，舞踏，ディスコダンス，ハワイアン，群舞，グループダンス，エアロビクス，手話ダンス，イメージダンス

＜技　法＞
ハレ（晴），ケ（褻），非日常，臥位，座位，端座位，椅子座位，立位，運動，からだほぐし，体ほぐし，マッサージ，リラックス，ソワイショウ，ストレッチ，動き，外的働き，内的働き，寝そべる，寝返り，呼吸，深呼吸，ブリージング，足踏み，ステップ，手拍子，肩たたき，タッチ，タッチング，身体接触，スキンシップ，バンザイ，万歳，気，イメージ，動作，ムーブメント，真似，振付，即興，ポーズ，ペア，ミラーリング，ピックアップ，意識化，具体化，明確化，回想，共感，共有，交

流，交感（コミュニケーション），指示，言語，言語化，言語的教示，言語的フィードバック，支持的，受容的，侵襲的，侵入的

**＜結　果＞**
笑顔，開放感，安心感，充実感，達成感，満足感，活性化，元気，寛解，気づき，希望，自立，セルフケア，セルフコントロール

**＜人名（ダンスセラピー）＞**
マリアン・チェイス，池見酉次郎，シャロン・チェクリン，芙二三枝子，平井タカネ，増田明，伴友次，坂田新子，野川照子，宮原資英，土方巽，石井満隆，岩下徹，佐伯敏子，大沼幸子，松原豊，照屋洋，梶明子，原キョウコ，モンターギュ，水島恵一

# 索　引（事項／人名）

## 事　項

### あ行

亜急性期　40
悪性リンパ腫　132, 137
アシスタント　36, 37, 38, 41, 43, 46
足踏み　107〜109
アセスメント　59
アフターミーティング　38, 39
アメリカ・ダンスセラピー協会（ADTA）　57, 77
アメリカンダンス　65, 68
α波　66
安心感　84, 88, 131, 139, 141
安静期　40
息切れ　140
維持期　44, 45
意識化　48, 61
椅子　41, 45
椅子座位　127, 128
痛み　137〜139, 141, 144
一般医療現場　65
一般社会人　8
イメージ　60, 63, 90, 97, 132
イメージダンス　139
イメージ療法　131, 133, 136
岩下 – 湖南メソッド　11, 12, 32
印象　38, 133, 137
陰性症状　45
ウォーミングアップ　38, 83, 85, 87
ウォームアップ　58

動き　134〜136, 139, 140
団扇（うちわ）　120, 124
うつ状態　55
うつ病　51, 52, 56
運動　139, 140, 142
運動機能　37, 43, 119
運動療法　66, 71, 73, 108
絵　133〜135
エアロビクス　67
笑顔　48, 132, 137, 143, 144
オープングループ　36, 41, 43, 45
音楽　14, 37, 42, 43, 82, 87, 100, 101, 134〜136

### か行

臥位　128, 137
絵画　131
回想　115, 124, 128
外的働き　58
介入　15, 88, 141
回復期　11, 12, 42, 44
解放感　87, 135
カウンセラー　10, 51
カウンセリング　52, 55, 67, 71, 80, 82, 95
化学療法　132, 136,〜138, 140, 141, 145
学生　8
下肢機能　122
肩たたき　125
片麻痺者　113
活性化　15, 100, 132, 144
歌謡曲　116

からだほぐし　　12, 15, 57, 61
体ほぐし　　9
寛解　　132, 137
がん患者　　132, 142
看護師　　44, 134, 138, 140, 141, 143
観察　　16, 124
患者　　131, 132, 147
感情　　12, 38, 42, 43, 47～49, 78, 99, 134, 145
感情表現　　12, 38, 42, 49, 133
気　　139
気づき　　11, 58, 81, 100, 136
希望　　49, 129, 132, 141, 145
QOL　　132, 136
休憩　　23, 41, 45, 101, 114, 122, 144
急性期　　13
急性骨髄性白血病　　132
休養　　56
共感　　42, 49, 78
競争　　69
共有　　38, 49, 147
拒否　　23, 52, 53
拒否的　　98, 99, 103, 104
筋弛緩法　　132
緊張　　9, 15, 17, 23, 24, 26, 29, 47, 57, 58, 74, 75, 89, 99, 104
クールダウン　　58
具体化　　78
苦痛　　52, 53, 132, 137, 141, 145
クライエント　　51～53, 63
クラシックバレエ　　97
グループ記録表　　39
グループセッション　　99, 100, 104, 106, 107, 110
グループダンス　　68
車椅子　　97, 113, 117～119, 142, 143
車椅子利用者　　113, 117, 118

クロージング　　84～86, 88
クローズドグループ　　36, 43
群舞　　12, 13, 16, 29, 118, 125
ケ（褻）　　67
芸術療法　　8, 51, 66, 131, 145, 147
見学参加　　41
見学者　　13, 17, 23, 37
元気　　132, 135, 136, 142
言語　　15, 45, 54, 60, 63
健康　　7, 10, 65, 69
言語化　　38, 47, 48, 59, 60, 63
言語的教示　　105
言語的フィードバック　　59
言語的理解　　98, 99
幻聴　　31
構音障害　　142
交感（コミュニケーション）　　11, 12, 30～33
構造　　36, 41, 43, 45, 46, 115
抗不安薬　　132
交流　　49, 117, 118
交流分析　　71
高齢者　　8, 13, 15, 113, 119, 122, 123, 127, 128, 131
呼吸　　17, 28, 58, 61
呼吸数　　136
呼吸法　　60, 139
個人記録表　　38, 39
個人セッション　　8, 9, 13, 56, 89
コセラピスト　　101～104, 106, 133, 135
小道具　　37, 120, 124
孤独　　45, 141

### さ行

座位　　61, 128, 144
催眠療法　　71
サイモントン療法　　133

| | | | |
|---|---|---|---|
| 作業療法 | 35, 40, 49 | 自律訓練 | 133, 136 |
| 作業療法士 | 40, 41, 44 | 自律訓練法 | 66, 68, 71 |
| 参加者 | 16, 46 | 深呼吸 | 84, 103, 134, 139, 140 |
| 参加態度 | 103 | 侵襲的 | 110 |
| シェアリング | 82, 86, 88, 89, 91, 93, 95 | 心身医学 | 66, 68, 70 |
| 視覚障害 | 98, 99, 114 | 心身症 | 8, 51, 56, 63, 70～72 |
| 視覚障害者 | 113 | 心身障害児 | 97, 100, 105, 107 |
| 弛緩 | 17, 74 | 身体イメージ | 132 |
| 自己決定 | 52 | 身体感覚 | 12, 62, 131 |
| 自己主張 | 9, 98, 137 | 身体機能 | 12, 127, 128 |
| 自己像 | 135 | 身体接触 | 9, 23, 110, 131, 135 |
| 自己認識 | 42, 78 | 侵入的 | 40 |
| 自己実現 | 9 | 心不全 | 142, 143 |
| 自己表現 | 9, 12, 37, 44, 45, 82, 89 | 心療内科 | 51, 133 |
| しこり | 137, 141 | 診療報酬 | 40 |
| 指示 | 19, 115, 117 | 心理療法 | 35, 49, 57, 66, 131, 144, 145, 147 |
| 支持的 | 40, 41, 133 | | |
| 思春期 | 77 | 睡眠薬 | 132, 136 |
| 自傷（行為） | 21, 99, 114, 142 | スカーフ | 107 |
| 施設職員 | 106 | スキンシップ | 45, 126, 141 |
| 自然治癒力 | 132, 133 | ステップ | 118, 131, 144 |
| 肢体不自由 | 98 | ストレス | 51, 55, 56, 70 |
| 肢体不自由児 | 107 | ストレッチ | 61, 85, 90, 99 |
| 社会復帰訓練期 | 44 | ストレッチ体操 | 67 |
| 社交ダンス | 68, 118, 119, 142 | 性格傾向 | 133, 137 |
| 終結 | 38, 42, 58, 63, 87, 89, 94, 99, 100, 103, 114, 115, 130 | 生活指導員 | 100, 101, 106 |
| | | 精神科医 | 51 |
| 充実感 | 136 | 精神科クリニック | 51 |
| 集団セッション | 8, 13 | 精神科作業療法 | 35, 40 |
| 集団ダンス・セラピー | 35, 37, 46 | 精神障害者 | 7, 8, 35, 45, 49 |
| 集団ダンスセラピー | 131 | 精神病 | 46, 51 |
| 主治医 | 57, 59, 136, 138 | 精神病院 | 10, 11, 40, 46 |
| 受容的 | 38, 40 | 精神病棟 | 40 |
| 手話ダンス | 120 | 静的弛緩誘導法 | 107 |
| 準備運動 | 67 | セッション | 38, 84, 105 |
| 常同行為 | 98, 99, 104, 105 | セラピスト | 30, 100, 107, 132 |
| 自立 | 143 | セルフケア | 60 |

索　引

セルフコントロール　60
躁状態　13
相談室　77〜81
相談室登校生　79, 80
即興　15, 30, 32, 33
即興ダンス　11, 30, 131
ソワイショウ　20, 61

### た行

ターミナル期　131, 132, 142, 145
ターミナルケア　131, 145, 146
体温　139
太極拳　11, 13, 20, 139
対人関係　12, 24, 79, 80, 90, 128
体操　140
体調　20, 52, 55, 62, 114, 144
体力　131, 141, 142
他害（行為）　21, 114
打楽器　37, 107, 115, 118
達成感　135
タッチ　80, 131, 132, 141, 145
タッチング　57, 110
ダンサー　10, 12, 30, 31
端座位　144
ダンス　97, 111, 131, 132
ダンス／ムーブメント・セラピー　35
ダンス・セラピスト　114
ダンス・ムーブメント・セラピー　51, 147
ダンス音楽　142
ダンスセラピー　7, 97, 98
ダンス療法　71
知覚障害　141
知的障害　98, 105
痴呆　37, 53, 123, 127, 128
注意転換法　141
中学校　77, 79

中学生　79
中断　52
聴覚障害　98, 99, 114
聴覚障害者　113
重複障害児　97, 98, 105〜107
治療的枠組み　40, 54, 56
DMT　51, 57, 77, 78
DT（DTh）　81, 114
定義　57
デイケア　35, 43〜45, 49, 127
デイケアセンター　43, 113
ディスコダンス　67
適応　12, 128
手拍子　107, 116, 122, 123
展開　58, 85, 101, 102
転倒　114, 118〜120, 122
同意　52, 53
道具　37, 99, 107, 108
動作　12, 15, 107, 115, 116, 120
動作法　107, 111
導入　41, 57, 99, 100
闘病意欲　136, 144

### な行

内的働き　58
内部感覚　17
日本ダンス・セラピー協会　8, 10
人間関係　80, 131
布　107, 120
寝返り　12, 13, 18
寝そべる　17〜19, 21, 23
脳性麻痺　107

### は行

発展　38
バトン　121, 122, 124, 125
バランス　60〜62

バランス運動　　139
ハレ（晴）　　67
ハワイアン　　120, 122
バンザイ　　99 〜 101, 103, 107, 108
場　　14, 15, 18, 33, 105, 106, 128
万歳　　115, 126, 127
判断能力　　52, 53
BGM　　14, 18
ヒーリング音楽（ミュージック）　　42, 133
非精神病　　51
非精神病性疾患　　51
ピックアップ　　78
否定的　　142
非日常　　67, 81, 132
評価　　14, 52, 81
フォークダンス　　97, 118
副作用　　52, 138, 141
服装　　13, 14, 69
不信感　　40, 137, 141
舞踏　　11, 31, 32
不登校　　79 〜 82, 89
不眠症　　89
ふらつき　　136
ブリージング　　57, 59
振付　　35, 118, 131, 134, 147
プレ・ミーティング　　14, 16
プレミーティング　　38, 39
プログラム　　57, 67, 100
プロセス　　145, 146
プロップ　　107, 108, 110
ペア　　24 〜 26, 38, 144
保育士　　101, 106
ポーズ　　21, 22, 25, 26
保護者　　53
ポスト・ミーティング　　14
補聴器装用者　　113

ボディバンド　　102, 103, 108, 110, 111
ボディワーク　　52
盆踊り　　119

ま行

マッサージ　　9, 12, 13, 15, 57, 60, 85, 99, 125, 137, 138, 141, 145
真似　　114 〜 116, 124
麻痺　　97, 98, 117, 126
慢性期　　11, 13, 44, 45
満足感　　135
脈拍　　136
ミラーリング　　78
ムーブメント　　7, 15, 54, 60, 63, 78, 80, 135, 136, 140
明確化　　48, 49, 78, 88
免疫力　　132
面接　　41, 67, 133
モダンダンス　　67
問題行動　　77
文部省唱歌　　116

や行

薬物療法　　52, 56, 133
遊戯療法　　71, 108, 147
陽性症状　　42, 43, 45
腰痛症　　73
抑圧　　12, 134
抑うつ状態　　132, 133

ら行

リーダー　　13 〜 17
立位　　60, 61, 128
リハビリテーション　　35, 40, 43, 49, 98, 144
リラクセーション　　57, 60, 131 〜 133, 141, 145

リラックス　　83, 84, 99, 105, 132, 133
レイ　　120, 122
レクリエーション　　29, 35, 36, 49, 144
レッスン　　67
劣等感　　58
老人ホーム　　131

### わ行

ワーク　　114〜116, 121〜127
ワークショップ　　12〜18, 20, 32
わらべうた　　116

## 人　名

### あ行

池見酉次郎　　7, 66
石井満隆　　11, 32
岩下徹　　10, 11, 12, 31, 32
大沼幸子　　8, 131

### か行

梶明子　　8

### さ行

佐伯敏子　　65, 68
坂田新子　　7

### た行

チェクリン Chaiklin, S.　　116
チェイス Chace, M.　　7, 10, 31, 32, 37, 77
照屋洋　　121

### な行

野川照子　　7

### は行

原キョウコ　　64
伴友次　　7
土方巽　　31, 32
平井タカネ　　8
芙二三枝子　　10

### ま行

増田明　　141
松原豊　　111
水島恵一　　145
宮原資英　　8
モンターギュ Montague, A.　　110

## ダンスセラピー　執筆者一覧

### 編　集
飯森　眞喜雄（いいもり　まきお・東京医科大学）
町田　章一（まちだ　しょういち・大妻女子大学）

### 執　筆
岩下　徹（いわした　とおる・京都造形芸術大学）　1章
橋本　光代（はしもと　みつよ・医療法人周行会湖南病院）　1章
鍛冶　美幸（かじ　みゆき・医療法人社団碧水会長谷川病院）　2章
尾久　裕紀（おぎゅう　ひろき・北青山診療所）　3章
梅田　忠之（うめだ　ただし・梅田医院／日本ダンス・セラピー協会前会長）　4章
天野　敬子（あまの　けいこ・不登校・ひきこもり研究所）　5章
﨑山　ゆかり（さきやま　ゆかり・奈良県健康づくりセンター）　6章
町田　章一（まちだ　しょういち・大妻女子大学）　7章
大沼　幸子（おおぬま　ゆきこ・東洋英和女学院大学大学院博士課程）　8章

芸術療法実践講座 5　ダンスセラピー

ISBN 4-7533-0407-8

飯森眞喜雄・町田章一　編

2004 年 7 月 12 日　初版第 1 刷発行
2008 年 12 月 10 日　初版第 2 刷発行

印刷 ㈱広研印刷　／　製本 ㈱河上製本

発行 ㈱岩崎学術出版社　〒112-0005 東京都文京区水道 1-9-2
発行者　村上　学
電話 03(5805)6623　FAX 03(3816)5123
©2004　岩崎学術出版社
乱丁・落丁本はお取替えいたします　検印省略

## ■芸術療法実践講座=全6巻　2004年春より刊行開始（○印既刊）

芸術療法実践講座①　　絵画療法Ⅰ（飯森眞喜雄・中村研之 編）
子どもの問題行動と絵画療法／非行少年と風景構成法／児童期・思春期・青年期心身症の治療における絵画療法／言葉を越えたコミュニケーション―自閉症児の造形活動／痴呆老人とのアートセラピー／ターミナル領域におけるコラージュ法／ターミナルケアにおける絵画・コラージュ・造形療法

芸術療法実践講座②　　絵画療法Ⅱ（飯森眞喜雄・伊集院清一 編）
長期入院分裂病患者の絵画療法／描画とともに―治療空間のために／精神科病院における絵画療法／不登校事例への援助―数々のテーマ画を用いて―／芸術療法を使いこなすクライエント／デイケアにおける絵画療法／精神科入院患者への絵画療法

芸術療法実践講座③　　コラージュ・造形療法（高江洲義英・入江　茂 編）
精神科臨床におけるコラージュ療法／精神科・心理クリニックにおけるコラージュ・造形療法／開業心理臨床におけるコラージュ療法／精神科作業療法・デイケアにおける造形活動／デイケア・作業療法におけるコラージュ／非行臨床におけるコラージュの実践／思春期相談におけるコラージュ療法

芸術療法実践講座④　　音楽療法（飯森眞喜雄・阪上正巳 編）
精神病院における音楽療法／精神科・心理クリニックにおける音楽療法／精神科デイケアの音楽療法／児童領域における音楽療法／自閉症児の音楽療法／重症心身障害児への音楽療法／高齢者音楽療法における音楽的観点／痴呆老人のケアにおける音楽療法／ターミナルケアにおける音楽療法

芸術療法実践講座⑤　　ダンスセラピー（飯森眞喜雄・町田章一 編）
精神病院におけるダンスセラピーの試み／作業療法・デイケアにおけるダンス／ムーブメント・セラピー／心療内科・精神科クリニックにおけるダンス・ムーブメント・セラピー／一般医療現場におけるダンスセラピー／思春期の問題行動に対するダンスセラピー／心身障害児に対するダンスセラピー／高齢者に対するダンスセラピー／ターミナルケアにおけるダンスセラピー

芸術療法実践講座⑥　　詩歌・文芸療法（飯森眞喜雄・星野惠則 編）
精神病院における詩歌・文芸療法／神経症と人格障害の連句療法／精神科・心理クリニックにおける詩歌・文芸療法「物語」／作業療法における詩歌療法／思春期・青年期の詩歌療法／痴呆老人のケアにおける詩歌・文芸療法／ターミナルケアにおける詩歌・文芸療法